새가족을 위한 **멤버십과정**

(학습자)

새가족을 위한 **멤버십과정**(학습자)

초판 1쇄 인쇄 | 2025. 12. 31
초판 1쇄 발행 | 2025. 12. 31
지은이 | 김상권
펴낸이 | 정신일
펴낸곳 | 크리스천리더
편 집 | 홍소희
교 정 | 성주희
일부총판 | 생명의 말씀사 (02) 3159-7979
등 록 | 제 2-2727호(1999. 9.30)
주 소 | 부천시 소사구 송내동 464-1 제일빌딩 6층
전 화 | (032) 342-1979
팩 스 | (032) 343-3567
도서 출간 상담 | E-mail:chmbit@hanmail.net
Homepage | cjesus.co.kr

ISBN : 978-89-6594-391-4 (03230)
정가 : 14,000원

새가족을 위한 멤버십과정

김상권 목사

견고한 새가족 정착을 위한 **5주 프로젝트**

멤버십과정
학습자

CLS 크리스천리더

1. 왜 새가족반이 아니라 '멤버십 과정'인가?

1) 단순 등록이 아닌 '언약적 참여'를 의미하기 때문입니다.

오늘날 교회 등록을 단순한 행정 절차나 이름 올리기로 여기는 경우가 많습니다. 그러나 교회는 단체나 모임이 아니라 하나님의 언약 공동체입니다. 따라서 교회에 등록한다는 것은 이름을 적는 행위가 아니라, 그리스도의 몸으로 부르심을 받은 자로서 언약 관계 안에 들어가는 결단을 뜻합니다. '멤버십(Membership)'은 바로 그 언약적 참여의 정신을 담고 있습니다.

2) '회원(Member)'은 몸의 지체를 뜻하기 때문입니다.

성경은 교회를 그리스도의 몸으로 비유하며, 성도는 그 몸의 지체(member)라고 부릅니다(고전 12:27). 이 말은 단순히 교회의 구성원이 되었다는 의미를 넘어, 서로 연결되어 책임과 사랑으로 기능하는 관계를 가리킵니다. 따라서 '멤버십 과정'은 단순히 출석을 시작하는 단계가 아니라, 그리스도의 몸으로 연결되어 살아 움직이는 지체로 헌신하는 여정을 의미합니다.

3) 시대적 오해를 바로잡기 위함입니다.

오늘날 많은 그리스도인이 교회를 '소비의 공간', 혹은 '선택가능한 종교 서비스 기관'으로 오해합니다. 이러한 시대 속에서 '멤버십 과정'은 교회를 단순한 방문처가 아닌, 책임 있는 신앙 공동체로 인식하게 하는 회복의 선언입니다. 이 책은 '참여'가 아닌 '헌신', '방문'이 아닌 '소속'의 개념을 회복하도록 돕습니다.

4) '정회원'으로서의 각오를 세우기 위함입니다.

'멤버십'이라는 단어는 정식 구성원으로서의 자격과 책임을 모두 포함합니다. 이 과정은 새가족이 단순히 예배에 참석하는 '손님'이 아니라, 교회의 비전과 사명에 함께 헌신하는 정회원(Committed Member)으로 서는 영적 준비 과정입니다. 등록은 출발점이며, 멤버십은 사명에 동참하는 결단입니다.

5) 교회의 본질을 회복하기 위함입니다.

교회는 '세상 가운데서 불러내심을 받은 자들의 모임(Call out)'이며, '말씀과 기도로 훈련받는 공동체(Call up)'이며, '다시 세상으로 파송되어 복음을 전하는 사명 공동체(Call in)'입니다. '멤버십 과정'은 이 세 가지 교회의 본질을 따라 부르심-훈련-파송의 여정을 새가족이 체험하도록 돕는 실제적 훈련 과정입니다.

2. 이 책의 사용법

1) 일 대 다수의 연역적 강의 방식으로 진행할 수 있다.

리더용 교재를 참고하여 각 과의 일곱 질문에 대한 답을 찾아가는 강의 형식으로 사용할 수 있다. 초신자와 기신자에 맞게 적절하게 활용할 수 있습니다.

2) 소그룹 모임으로 귀납적으로 사용할 수 있습니다.

삶을 묻혀 함께 나누며, 교회와 멤버십의 의미, 각오를 한층 더 심층적으로 나눌 수 있습니다. 이를 위해 리더용 교재를 참고하도록 하여 소그룹 리더를 세우고, 양육할 수 있습니다.

3) 이 책은 '주중 읽기'를 통해 개인 묵상을 도울 수 있습니다.

주일에 새가족 클래스만 진행되는 것이 아니라 수료까지 주중에 스스로 책을 읽고, 정리하고, 다음 주에 질문할 수 있는 구조를 가지고 있어 꽉 찬 5주를 보낼 수 있습니다.

4) 각 교회에 맞는 철학과 비전을 첨가할 수 있습니다.

이 책은 단순히 교회에 등록하기 위한 절차서가 아니라, 하나님 나라의 백성으로 부르심을 받은 성도의 첫걸음을 위한 안내서입니다. 동시에 각 교회의 철학과 방향을 첨가하여 새가족이 정식 멤버십으로 비전과 철학에 동의하는 신실한 동반자가 되기를 기대합니다.

차례

1. 믿음을 시작하는 질문

1) 첫 번째 만남(weekend 1)

2) 주중 읽기(weekdays 1)

2. 구원에 이르는 질문

1) 두 번째 만남(weekend 2)

2) 주중 읽기(weekdays 2)

3. 하나님을 알아가는 질문

1) 세 번째 만남(weekend 3)

2) 주중 읽기(weekdays 3)

4. 슬기로운 신앙생활 질문

1) 네 번째 만남(weekend 4)

2) 주중 읽기(weekdays 4)

5. 교회 생활을 위한 질문

1) 다섯 번째 만남(weekend 5)

2) 주중 읽기(weekdays 5)

1강

믿음을 시작하는 질문

1. 믿음을 시작하는 질문

첫 번째 만남(weekend 1)

Q1. 믿음은 무엇일까요?

적어 보기

저는 '믿음'이 ____________라고 생각합니다.

지금 저의 믿음 상태를 한 단어로 표현하면 __________입니다.

Q2. 무엇을 믿고 의지해야 할까요?

체크해 보기

☐ 돈 ☐ 친구 ☐ 운명 ☐건강 ☐ 가족 ☐ 행복 ☐ 기타( )

생각해 보기

내가 무의식적으로 의지하는 것은 무엇입니까?

그것이 무너질 때, 나는 흔들리지 않을 자신이 있습니까?

세상에 믿음이 없는 사람은 없습니다.

흔히 교회를 다니지 않는 사람을 '믿음이 없는 사람'이라 합니다. 하지만 사실 모든 사람은 저마다의 믿음으로 살아갑니다. 우리는 어머니가 나를 낳는 순간을 보지 못했어도 오랜 관계와 기록, 사랑의 흔적을 근거로 어머니가 나를 낳았다고 신뢰합니다.

공기와 산소(O_2)는 눈에 보이지 않지만, 호흡과 과학적 관측이라는 간접 증거로 그 존재를 신뢰합니다. 버스를 탈 때 목적지에 데려다줄 것이라, 건물 안에 들어설 때 구조 기준과 관리가 우리를 지탱해 줄 것이라 합리적으로 기대합니다. 이처럼 인간은 '증명 불가능한 것을 무작정 믿는 존재'가 아니라, 충분한 이유를 바탕으로 매 순간 신뢰를 행사하며 사는 존재입니다. 그러므로 믿음이 없는 사람은 없습니다. 믿음은 기독교인의 전유물이 아니라, 인류 보편의 삶을 지탱하는 기본 자원입니다.

Q3. 믿음의 장애물은 뭘까요?

자기생각 | 선입관 | 소유 | 세계관

메모해 보기

자기 생각(확증편향, 닫힌 프레임) : ____________________

선입관(사람, 교회에 대한 고정관념) : ____________________

소유(시간, 돈, 관계, 습관) : ____________________

기타 : ____________________

믿음의 장애물들

새로운 가치를 받아들이기는 쉽지 않습니다. 이미 내 안에 자리 잡은 기존의 가치관이 나를 붙들고 있기 때문입니다. 안경을 쓰면 안경테 밖은 잘 보이지 않듯이, 우리는 자기 틀 밖의 것들을 보기 어려워합니다. 망원경으로 관찰된 것만 우주라고 여기기 쉽고, 프리즘을 통과하기 전에는 '빛은 색이 없다'고 생각하기도 합니다. 또한 과거에 어떤 기독교인에게 상처를 받았다면, 사람의 잘못을 복음의 본질과 구분하지 못해 신앙 자체를 거부하기도 합니다.

믿음에 대가가 따른다고 느낄 때도 마음이 닫힙니다. 예를 들어 제사 문제, 술·담배 절제, 십일조와 같은 생활의 조정을 생각하면, 이미 누리던 것을 포기해야 한다는 부담이 생깁니다. 그래서 믿음을 미루거나 거절하기 쉽습니다.

하지만 삶을 살다 보면, 늘 옳다고 믿던 틀이 틀릴 수 있음을 배웁니다. 신뢰했던 사람이 배신할 때도 있고, 절대 바뀌지 않을 것 같던 현실이 바뀌는 것을 보기도 합니다. 그러므로 더 나은 삶을 위해서는 마음을 열고, 배우고, 실제로 확인하는 과정이 필요합니다. 믿음은 관점이 바뀔 때 시작됩니다.

새로운 정보와 증거를 듣고(성경과 역사, 신앙 공동체의 열매), 작은 순종으로 시험해 보며(예배 참여, 짧은 기도, 말씀 10분), 사람의 실패와 복음의 진리를 구분할 때, 막혀 있던 문이 열립니다.

Q4. 성경이 말하는 믿음이란 무엇일까요?

"너희는 그 은혜에 의하여 믿음으로 말미암아 구원을 받았으니 이것은 너희에게서 난 것이 아니요 하나님의 □□이라"(에베소서 2장 8절)

하나님의 선물인 믿음

성경은 믿음이 하나님의 선물이라고 말합니다. 믿음은 내가 스스로 만들어내는 감정이 아니라, 하나님이 먼저 주시는 은혜에서 시작됩니다. 그리고 하나님이 주신 그 믿음으로 우리는 구원을 받습니다. 말하자면, 성경이 말하는 믿음은 구원으로 이끄는 은혜의 통로입니다. 그래서 내가 지금 가지고 있는, 혹은 가지려는 믿음도 내 노력보다 하나님의 은혜가 먼저입니다. 그렇다면 순서는 분명합니다. 무엇보다 먼저 "주님, 제게 믿음을 주옵소서." 하고 은혜를 구하는 기도가 필요합니다. 하나님은 그 은혜를 말씀을 들을 때, 예배드릴 때, 기도할 때 우리에게 풍성히 베푸십니다.

믿음의 근원은 하나님, 목적은 구원, 통로는 은혜, 우리의 몫은 구하고 머무는 것입니다. 오늘도 말씀과 예배와 기도 안에서 은혜를 구하며 한 걸음 내디딜 때, 하나님이 믿음을 자라게 하십니다.

Q5. 기독교는 무엇을 믿는 걸까요?

"하나님이 세상을 이처럼 사랑하사 ☐☐☐를 주셨으니 이는 그를 믿는 자마다 멸망하지 않고 ☐☐ 을 얻게 하려 하심이라"(요한복음 3장 16절)

"내가 그리스도와 함께 □□□에 못 박혔나니 그런즉 이제는 내가 사는 것이 아니요 오직 내 안에 그리스도께서 사시는 것이라 이제 내가 육체 가운데 사는 것은 나를 사랑하사 나를 위하여 자기 자신을 버리신 하나님의 아들을 믿는 믿음 안에서 사는 것이라"(갈라디아서 2장 20절)

- **믿음의 대상**(요3:16 상반절) -

- **믿음의 내용**(갈2:20) -

- **믿음의 유익**(요3:16 하반절) -

기독교에서 말하는 믿음

1) 누구를 믿는가?(믿음의 대상)

우리는 하나님을 믿습니다. 하나님은 우리를 사랑하셔서 죄에서 구원하시려고 아들 예수 그리스도를 보내셨습니다. 따라서 기독교의 믿음의 대상은 하나님이시며, 동시에 우리를 구원하신 예수 그리스도입니다.

2) 무엇을 믿는가?(사도신경의 핵심 12항)

① 하나님 : 전능하사 천지를 만드신 하나님 아버지를 믿습니다.

② 예수 그리스도 : 그 외아들 우리 주 예수 그리스도를 믿습니다.

③ 동정녀 탄생 : 성령으로 잉태되어 동정녀 마리아에게 나셨습니다.

④ 고난 : 본디오 빌라도에게 고난을 받으셨습니다.

⑤ 십자가 죽으심 : 십자가에 못 박혀 죽으셨습니다.

⑥ 부활 : 죽은 자 가운데서 다시 살아나셨습니다.

⑦ 승천 : 하늘에 오르사 전능하신 하나님 우편에 앉아 계십니다.

⑧ 재림·심판 : 거기로부터 산 자와 죽은 자를 심판하러 오십니다.

⑨ 성령 : 우리 가운데 오셔서 역사하시는 성령을 믿습니다.

⑩ 교회와 성도의 교제 : 거룩한 공교회(보편적 교회)와 성도의 교통을 믿습니다.

⑪ 죄 사함 : 죄를 사하여 주심을 믿습니다.

⑫ 부활과 영생 : 몸의 부활과 영원한 생명을 믿습니다.

3) 왜 믿는가?(믿음의 유익)

① 지금 이 땅에서의 유익 : 믿음으로 죄 사함을 받고, 하나님과의 관계가 회복됩니다. 그 결과, 의미와 기쁨 속에서 하나님과의 동행을 배웁니다. 고난이 와도 주와 함께 이기는 힘을 얻습니다.

② 영원의 유익 : 예수님이 사흘 만에 부활하신 것처럼, 우리도 부활과 영생의 소망을 받습니다.

"내가 온 것은 양으로 생명을 얻게 하고 더 풍성히 얻게 하려는 것이라."(요 10:10)

한 줄 요약 기독교 신앙은 하나님과 예수 그리스도를 믿는 보편 교회의 고백(사도신경)에 서 있으며, 그 믿음은 지금의 회복과 영원의 소망을 우리에게 줍니다.

Q6. 어떻게 믿을 수 있을까요?

"사람이 □□으로 믿어 의에 이르고 □ 으로 시인하여 구원에 이르느니라"(로마서 10장 10절)

- **마음으로 할 일** -

- **입으로 할 일** -

핵심 절차 이해하기

□□ 을 엽니다 → □□□을 주로 받아들입니다 →

□□ 로 고백합니다 → □□□ 와 동행하며 자랍니다.

<힌트>

예수님 마음 공동체 입술

믿음으로 가는 길

1) 마음으로 믿음에 응답하기

믿음의 여정은 먼저 마음을 여는 것입니다. 예수님을 내 인생의 주인으로 모셔 들이고, 내가 죄인임을 인정하며, 나를 위해 죗값을 대신 치르신 주님을 신뢰합니다. 이 일은 누구도 대신해 줄 수 없습니다. 하나님 앞에서 나만이 할 수 있는 개인적 결단입니다. 믿음은 하나님의 선물이지만, 그 선물에 응답하는 일은 우리의 몫입니다.

2) 입으로 믿음을 고백하기

마음으로 받아들인 믿음을 입으로 시인합니다. 사람들 앞에서 "나는 예수를 믿기로 했다"라고 고백하는 일입니다. 보이지 않는 내적 고백을 외적 고백으로 드러내는 단계입니다.

3) 믿음의 순서

믿음은 "다 이해되면 믿겠다"가 아니라, 믿기로 결심하고 그다음에 배우며 자라는 길입니다. 하나님·성경·교회에 대해 다 알지 못해도 괜찮습니다. 마음을 열고 한 걸음 내디딜 때, 하나님은 말씀과 예배, 기도를 통해 우리를 만나 주시고 믿음을 자라게 하십니다.

4) 믿음이 아닌 것

믿음은 형식적인 개종이나, 일시적인 감정이나, 최면이 아닙니다. 살아 계신 하나님을 인격적으로 만나는 실제입니다. 그래서 많은 이들이 하나님이 살아 계시다고 고백하며, 삶 전체로 그 믿음을 증언합니다. 하나님은 눈에 보이지 않지만, 정말 살아 계시다면 살아계신 증거를 보여주실 것입니다.

5) **결론**(가장 단순한 시작)

믿음으로 가는 길은 생각보다 단순합니다. 주님을 만나는 길입니다. 우리가 할 수 있는 최선은 마음을 열어 주님을 영접하고, 입으로 시인하여 고백하는 것입니다. 이 작은 두 걸음이 진정한 믿음의 시작입니다.

Q7. 믿기로 하셨다면, 아직 믿어지지 않으신다면

1) 믿기로 했다면,

- 예배에 꾸준히 참여하시고, 말씀을 배우며(롬 10:17) 기초 양육을 시작해 보세요.
- 개인 기도·말씀 묵상 루틴을 세우고, 공동체와 함께하세요.

믿음은 들음에서 납니다. 그러므로 예배와 성경 공부, 묵상과 같은 지적·영적 통로를 통해 하나님을 알아가는 일이 필요합니다. 믿음은 다 이해한 뒤에 시작하는 것이 아닙니다. 믿기로 결심하고 배우다 보면 이해가 열리고, 하나님과의 인격적 만남에 이르게 됩니다. 그때 우리는 "나도 하나님을 만났다."라고 고백할 수 있습니다. 신앙은 최면이나 막연한 신비 체험이 아니라, 인격적 결단으로 출발해 지적 이해와 전인격적 만남으로 이어지는 여정입니다. 하나님이 살아 계심을 믿고, 그분께 내 삶을 맡겨 한 걸음 내디뎌 보십시오. 그 길에서 믿음은 자라고 단단해집니다.

2) 아직 믿어지지 않는다면,

- 괜찮습니다. 많은 분이 알아가며 믿게 됩니다.
- 예배에 꾸준히 참여하시고, 기초 양육에 들어오십시오.
- 이렇게 기도해 보시겠어요: "하나님, 정말 살아 계시다면 제게 믿음을 주세요."

괜찮습니다. 모든 신앙의 출발은 '다 이해해서'가 아니라 '믿어 보겠다는 결심'에서 시작합니다. 결심하고 출발하여 성경을 배우고 읽는 가운데, 살아 계신 하나님을 만남으로 믿게 됩니다. 너무 서두르지 마시고, 예배를 꾸준히 드리며, 교회에서 진행하는 기초 양육에 참여해 보세요. 그리고 마음을 열어 "주님, 제게 믿음을 주옵소서." 라고 겸손히 기도해 보세요.

믿음은 실존하시는 하나님을 만나는 과정입니다. 신앙은 교묘한 자기암시나 일시적 감정이 아니라, 인격적 만남입니다. 그러니 시간을 가지고 하나님을 알아가겠다는 다짐이 필요합니다. "하나님이 정말 살아 계신다면, 저에게 믿음을 주세요."라고 맡겨 보세요. 인간이 만들어 낸 신이 아니라 창조주 하나님을 만나는 일의 주도권은 당연히 하나님께 있습니다. 모든 믿음의 사람은 하나님의 주도적인 인도하심 속에서 신앙을 갖게 되었습니다. 여기까지 오신 당신의 결단, 충분히 칭찬받을 만합니다.

[암송구절]

"믿음이 없이는 하나님을 기쁘시게 하지 못하나니 하나님께 나아가는 자는 반드시 그가 계신 것과 또한 그가 자기를 찾는 자들에게 상 주시는 이심을 믿어야 할지니라"(히브리서 11:6)

R1. 나는 믿습니다.

: 히브리서 11장1절, 에베소서 2장 8,9절

나는 예수 그리스도를 나의 구주이자 주님으로 믿습니다. 이 믿음은 단지 지식이나 감정에 머무르지 않습니다. 삶 전체를 하나님께 맡기고 그분을 신뢰하며 따르는 전인격적 응답입니다. 성경은 "믿음은 바라는 것들의 실상이요 보이지 않는 것들의 증거"(히 11:1)라고 말합니다. 믿음은 보이지 않는 하나님의 존재와 약속을 확신하여, 그 말씀에 순종하려는 결단입니다.

우리는 스스로 죄인이며, 내 힘으로는 구원에 이를 수 없습니다. 오직 예수 그리스도의 십자가와 부활로만 구원받을 수 있습니다.

"너희는 그 은혜에 의하여 믿음으로 말미암아 구원을 받았으니 이것은 너희에게서 난 것이 아니요 하나님의 선물이라. 행위에서 난 것이 아니니 누구든지 자랑하지 못하게 함이니라"(엡 2:8-9).

세상에 믿음이 없는 사람은 없습니다. 우리는 날마다 '신뢰'를 전제로 선택하며 살아갑니다. 부모님의 마음을 모두 볼 수는 없어도 오랜 관계와 일관된 행동을 근거로 신뢰합니다. 눈에 보이지 않는 공기도 호흡과 관측이라는 간접 증거로 믿습니다. 시간 역시 만져지지 않지만, 계절의 순환과 시계·달력을 통해 실재하는 것으로 받아들입니다. 햇볕과 중력, 우주의 질서도 마찬가지입니다. 우리는 현상과 증거, 검증된 지식을 토대로 '보이지 않는 것'을 합리적으로 믿고 살아갑니다.

따라서 "나는 믿음이 없어."라는 말은 실제로는 특정 대상(특히 하나님)을 아직 신뢰하지 않는다는 뜻에 가깝습니다. 믿음 자체는 인간이 현실을 살아내기 위해 반드시 사용하는 인지 방식입니다. 이 관점에서 보면, 예수를 믿는 일도 우리가 일상에서 이미 사용하던 믿음을 가장 중요한 대상에게 드리는 확장된 선택입니다. 그 선택은 공허한 도약이 아니라, 성경과 역사적 증언, 그분을 따른 사람들의 삶의 변화, 오늘의 교회 공동체 안에서 확인되는 열매라는 근거들 위에 서 있습니다. 결국 믿음은 맹신이 아니라 충분한 이유를 가진 신뢰입니다.

그러므로 "예수를 믿는다."라는 고백은 낯선 감정의 분출이 아니라, 이미 익숙한 '신뢰의 방식'을 가장 가치 있는 분께 드리는 결정입니다. 우리는 보이는 것만으로 살 수 없습니다. 합리적 근거 위에 마음을 열어 신뢰할 때, 그 믿음은 삶을 견인하는 힘이 됩니다.

R2. 믿음을 흔드는 장애물들

: 세상의 소리 속에서 신앙을 지키며

우리는 신앙의 여정을 걸어가며 내 믿음을 흔들려는 여러 요소를 마주하게 됩니다. 이 요소들은 때로는 은밀하게, 때로는 노골적으로 나를 하나님의 진리로부터 멀어지게 하려 합니다. 이 도전들을 분별하고, 말씀 안에 굳게 서야 합니다.

1) 세속적 가치관과 상대주의의 침투

오늘날 세상은 쉼 없이 속삭입니다. “네가 원하는 대로 살아라”, “진리는 사람마다 다르다”, “절대적인 진리는 존재하지 않는다.” 이는 현대 사회에 깊이 스며든 포스트모더니즘의 특징입니다. 이러한 사고방식은 옳고 그름을 스스로의 기준에 따라 상대적으로 정하게 만들며, 결국 죄에 대한 자각을 흐리게 하고 죄를 죄로 여기지 않게 합니다.

대표적인 예가 성(性)에 대한 가치관입니다. “사랑하면 된다”라는 단순한 논리는 하나님이 정하신 결혼과 순결의 질서를 무시하고, 결국 인간관계를 파괴하는 결과를 낳습니다. 또한 성공 중심의 문화는 사람들로 하여금 하나님보다 자신의 능력과 성과를 의지하도록 유혹하며, 물질과 성취를 우상으로 삼게 합니다. 그러나 성경은 분명히 경고합니다. “너희는 이 세대를 본받지 말고 오직 마음을 새롭게 함으로 변화를 받아 하나님의 뜻이 무엇인지 분별하도록 하라”(로마서 12:2).

믿음은 세상의 풍조와 조류에 휩쓸리지 않고, 하나님의 뜻을 기준 삼아 분별하며 살아가는 힘입니다. 절대 진리를 거부하는 시대일수록, 성도는 더 분명한 진리의 기준을 붙들고 세상을 거슬러 나아가야 합니다. 그것이 믿음의 길이며, 진리 안에서의 자유입니다.

2) 고난과 실망, 응답되지 않는 기도 속의 흔들림

하나님을 믿고 따르며 살아가도 인생의 고난은 여전히 찾아옵니다. 기도는 때로 즉각 응답되지 않으며, 상황은 더 악화하는 듯 보일 때도 있습니다. 이런 순간에 사람의 마음은 흔들리기 쉽습니다. “정말 하나님이 계시는가?”, “하나님은 정말 나를 사랑하시는가?”라는 의심이 마음을 파고듭니다. 예를 들어, 오랫동안 기도했음에도 불구하고 질병이 낫지 않을 때, 경제적 어려움이 반복될 때, 가까운 사람으로부터 배신이나 상처를 경험할 때 우리는 신앙을 붙드는 것이 절대 쉽지 않습니다. 그러나 성경은 고난을 새로운 관점으로 해석합니다. "너희가 여러 가지 시험을 만나거든 온전히 기쁘게 여기라 이는 너희 믿음의 시련이 인내를 만들어 내는 줄 너희가 앎이라"(야고보서 1:2-3).

고난은 믿음을 무너뜨리는 장애물이 아니라, 하나님께서 믿음을 단련하시고 성숙하게 하시는 도구입니다. 마치 금이 불 속에서 연단되어 더 순결해지듯, 믿음도 시련을 통과하며 더욱 단단해집니다. 고난은 하나님의 부재가 아니라 하나님의 손길 속에 있으며, 그 과정을 통해 우리는 하나님께 더 가까이 나아가고, 진짜 믿음의 뿌리를 깊이 내리게 됩니다.

3) 과학주의, 무신론, 회의론의 논리적 도전

오늘날 많은 사람들은 인터넷, 미디어, 그리고 교육 환경을 통해 끊임없이 이런 주장에 노출됩니다. "신은 인간이 만들어낸 허구에 불과하다.", "과학이 모든 것을 설명할 수 있다.", "기독교는 비합리적이고 낡은 신앙이다." 이러한 담론은 단순한 의견 차원이 아니라, 현대 사회의 사상적 기류 속에서 과학주의(scientism), 자연주의(naturalism), 무신론적 회의주의(skeptical atheism)로 구체화된 대표적 도전입니다. 이 주장은 사람들로 하여금 다음과 같은 본질적인 의문을 품게 만듭니다. "우주와 생명은 정말 하나님 없이도 설명 가능한가?", "기적이나 부활 같은 사건은 과학적으로 불가능하지 않은

가?", "왜 선하신 하나님은 세상에 존재하는 악과 고통을 방치하시는가?" 그러나 기독교 신앙은 맹목적이고 비이성적인 신념이 아닙니다. 오히려 신앙은 역사적 사실과 철학적 성찰, 그리고 과학적 탐구와도 조화를 이루는 지적 기반 위에 서 있습니다. 예를 들어, 우주의 기원과 질서는 '무에서 유가 생겨났다'라는 설명으로는 충분하지 않습니다. 오히려 법칙과 질서를 부여한 창조주의 존재가 가장 합리적인 설명을 제공합니다. 또한 생명의 복잡성과 의도적 설계는 단순한 우연이나 자연선택만으로는 설명하기 어려운 부분을 드러냅니다. 더 나아가, 기독교 신앙의 핵심인 예수 그리스도의 부활은 신화적 상상이 아니라 역사적으로도 가장 신뢰할 만한 사건 중 하나입니다. 수많은 증인의 일관된 증언(고린도전서 15장), 제자들의 극적인 변화, 초기 교회의 급격한 확산은 단순한 심리적 환상이나 꾸며낸 이야기로는 설명할 수 없습니다. 철저히 검증하려는 역사학자들과 법학자들조차 부활 사건을 설명하는 가장 설득력 있는 해석으로 "예수께서 실제로 부활하셨다"라는 결론에 도달했습니다.

따라서 신앙은 이성적 탐구와 대립하는 것이 아니라, 오히려 인간 이성이 스스로 도달할 수 없는 한계를 넘어서는 깊은 차원의 진리와 만나는 길입니다. 과학은 세상의 법칙과 현상을 밝혀내는 소중한 도구이지만, 그 자체가 모든 실재를 설명할 수 있는 궁극적 답은 아닙니다. 신앙은 과학을 부정하지 않으면서도, 과학으로 포착할 수 없는 차원을 제시합니다. 바로 그 지점에서 우리는 창조주 하나님을 만나게 됩니다.

R3. 하나님은 살아 계십니다.

: 과학적 증거와 논리적 개연성

저는 하나님께서 지금도 살아 계시며, 이 세상과 제 삶을 주관하고 계심을 믿습니다. 이 믿음은 단순한 종교적 느낌이나 전통 때문이 아니라, 이성적·과학적·철학적 근거 위에 서 있습니다. 오히려 하나님이 계시지 않다면, 우리가 경험하는 세계와 인간의 본질을 온전히 설명하기 어렵습니다.

1) 우주의 기원: 유한한 우주는 창조자를 필요로 합니다

현대 우주론은 우주가 과거 무한히 존재한 것이 아니라 분명한 시작을 가졌음을 시사합니다(빅뱅 우주론). 무신론적 설명은 이를 '무(無)'에서의 자연적 발생으로 보려 하지만, 아무것도 없는 상태에서 무언가가 스스로 생겨난다는 주장은 논리적으로 설득력이 약합니다.

철학자 윌리엄 레인 크레이그(William Lane Craig)가 정식화한 칼럼 우주론적 논증(The Kalām Cosmological Argument)은 다음과 같이 간명합니다.[1] 첫째, 시작이 있는 모든 것은 원인이 있습니다. 둘째, 우주는 시작이 있습니다. 셋째, 그러므로 우주는 원인이 있습니다. 이 원인은 시간·공간·물질의 제약을 받지 않는 초월적 존재여야 합니다. 성경은 그 존재를 창조주 하나님으로 증언합니다.

2) 우주의 정교한 설계: 미세조정(Fine-Tuning)의 단서

우주에는 생명 존재를 가능하게 하는 다수의 물리 상수(physical constants)가 있습니다. 중력 상수, 전자-양성자 질량비, 우주의 팽창률, 미세구조 상수 등은 극도로 좁은 범위 안에서만 생명체가 존속할 수 있게 합니다.[2] 예를 들어 중력이 조금이라도 더 강했더라면, 별들은 너무 빠르게 붕괴하여 생명이 거할 수 없는 황량한 우주가 되었을 것입니다. 반대로 중력이 조금만 약했더라도 별과 은하가 결코 형성되지 못했을 것입니다. 또 우주 팽창 속도가 지금보다 약간만 달라졌다면, 오늘 우리가 살아가는 이 놀라운 질서와 균형은 결코 존재할 수 없었을 것입니다.

이러한 정교한 조건들은 단순한 '우연의 산물'로 설명하기에는 지나치게 미세하고 정밀합니다.

과학자들은 이를 "미세조정(fine-tuning)"이라 부르며, 생명체의 존재 가능성을 허락하는 우주의 구조적 조건이 얼마나 특별한지를 강조합니다.[3] 이는 마치 정밀하게 조율된 악기가 하나의 화음을 이루듯, 우주가 생명에 적합하도록 조율되어 있음을 보여줍니다.

여기서 자연스러운 질문이 생깁니다. “누가 이 우주를 이렇게 정교하게 설계했는가?” 설계의 흔적이 보이면 설계자를 떠올리는 것이 합리적입니다. 무작위적 사건이나 맹목적 법칙만으로는 이 놀라운 균형을 설명하기 어렵습니다. 오히려 지성적 설계자의 존재, 곧 창조주 하나님의 손길이 개입되었다는 것이 훨씬 더 타당한 해석입니다.

미세조정은 단순히 철학적 사색이 아니라, 현대 우주론과 물리학이 제시하는 중요한 단서입니다. 그리고 이 단서는 성경이 말하는 창조주 하나님의 존재와 능력을 과학적 차원에서도 강하게 뒷받침합니다. “하늘이 하나님의 영광을 선포하고 궁창이 그의 손으로 하신 일을 나타내는도다”(시편 19:1). 우주는 결코 무의미한 공간이 아니라, 설계자의 의도를 드러내는 웅장한 증거입니다.

3) 생명의 복잡성과 유전 정보의 위상

현대 생물학은 생명체가 정보 체계에 기반함을 보여줍니다. DNA는 마치 프로그램 코드처럼 기능하며, 방대한 정보를 저장하고 전달합니다.

인간 게놈(Human Genome Project (HGP))만 해도 약 30억 쌍의 염기로 구성되어 있고, 정확한 복제와 단백질 합성에 대한 지시 정보를 담고 있습니다. 이는 단순 화학 반응의 산물이라기보다 언어적 구조와 논리적 순서를 가진 정보로 이해됩니다.

물리학자 폴 데이비스(Paul Charles William Davies)의 지적처럼, DNA는 단순한 물질 구조가 아니라 해석할 수 있는 정보로 볼 수 있습니다.[4] 정보는 통상 정보 제공자를 전제합니다. 자연주의적 메커니즘이 생명의 기원(abiogenesis)—특히 초기 유전 정보의 출처—을 아직 완전하게 설명하지 못하고 있는 점을 감안할 때, 지성적 근원을 가리키는 해석은 합리적 개연성을 가집니다. (하지만 진화가 관찰 가능한 종 내 변화·적응을 설명하는 영역이 있다는 점과 최초 생명과 정보의 기원 문제는 구분해서 보아야 합니다.)

4) 도덕과 양심: 선과 악에 대한 보편 기준

우리는 "이것은 옳다/그르다"라고 말합니다. 하나님이 존재하지 않는다면, 선악과 정의는 결국 문화적 산물이나 개인 취향으로 환원되기 쉽습니다. 그러나 현실의 인간 사회는 도덕 직관을 보편적으로 공유합니다. 아동 학대, 인종차별, 무고한 살인은 문화와 시대를 넘어 근본적으로 잘못된 것으로 여겨집니다.

사랑·희생·정직·정의에 대한 긍정도 마찬가지입니다. C. S. 루이스가 『순전한 기독교』에서 말하듯, 사람들이 늘 "그건 불공평합니다."라고 항의하는 것은 그들 안에 보편 기준을 전제하고 있기 때문입니다.[5] 성경은 이 도덕법이 우리를 지으신 하나님 성품의 반영임을 말합니다(롬 2:15).

정리하면, 우주의 시작과 미세조정, 생명의 정보성, 인간의 도덕 직관은 "하나님은 살아계신가?"라는 물음에 대해 부정보다 긍정을 더 합리적으로 만들어 줍니다. 이성은 믿음을 배제하지 않습니다. 오히려 믿음은 이성의 정직한 탐구가 도달한 자리에서 더 큰 의미와 인격적 만남으로 우리를 이끕니다.

R4. 기독교는 가장 일관된 세계관 입니다.

: 모든 질문에 대한 해답

기독교 신앙은 단순히 개인적인 위로나 종교적 체험에 머무르지 않습니다. 그것은 세상을 가장 정확하고 일관되게 설명하는 세계관입니다. 세계관은 우리가 세상과 인간, 삶의 목적을 어떻게 이해할지를 결정짓는 '마음의 렌즈'와 같습니다. 렌즈가 흐리면 세상이 왜곡되어 보이듯, 잘못된 세계관은 인생을 혼란과 허무로 몰아갑니다. 그러나 바른 세계관은 인간 존재의 의미와 삶의 방향을 분명하게 제시합니다. 기독교는 인간의 기원에서부터 도덕, 고난의 의미, 궁극적인 소망에 이르기까지 삶의 모든 차원을 가장 통합적이고 일관성 있게 설명합니다.

1) 기독교는 존재의 기원을 설명합니다

세상은 무(無)에서 스스로 생겨난 것이 아닙니다. 지성과 목적을 지니신 창조주 하나님의 의도적인 창조에서 비롯되었습니다(창 1:1). 진화론적 우연과 무목적의 세계관은 생명의 복잡성과 인간의 자의식을 설명하지 못합니다. 그러나 기독교는 "하나님의 형상대로 지음받은 인간"(창 1:27)이라는 선언을 통해 인간의 존엄성과 창조적 능력, 이성의 기원을 분명히 설명합니다. 우리가 인간의 가치를 소중히 여기는 이유, 생명을 함부로 할 수 없는 이유는 바로 하나님이 인간을 특별하게 지으셨기 때문입니다.

2) 기독교는 선과 악, 도덕의 기준을 설명합니다

오늘날 많은 사람은 "진리는 상대적이다", "옳고 그름은 각자가 정하는 것이다"라고 말합니다. 그러나 이러한 상대주의는 결국 도덕적 혼란과 무책임을 낳습니다. 모두가 자기 기준대로 살게 되면, 더 이상 옳음과 그름을 말할 근거가 사라집니다. 정의와 인권, 사랑과 희생은 공허한 말이 되고 맙니다. 기독교는 선과 악의 기준이 하나님의 성품과 계명 안에 있음을 밝힙니다. 하나님이 계시기에 우리는 옳고 그름을 객관적으로 말할 수 있고, 도덕적 책임을 요구할 수 있습니다. 따라서 기독교적 세계관 안에서만 인권, 정의, 사랑의 개념이 진정한 의미를 가질 수 있습니다.

3) 기독교는 인간의 문제를 정확히 진단합니다

세상의 고통과 혼란은 단순히 제도적 결함이나 지식의 부족 때문이 아닙니다. 근본적인 원인은 인간의 죄성입니다(롬 3:23). 우리는 본질적으로 하나님을 떠났고, 자기중심적으로 살려는 경향을 가지고 있습니다. 기독교는 인간의 타락을 인정하면서 동시에 하나님의 은혜로만 구원받을 수 있음을 선언합니다. 이 진단은 인간을 지나치게 비관하거나 과장하지 않고, 있는 그대로 바라봅니다. 그래서 인간의 회복은 도덕적 교양이나 사회 개혁만으로는 불가능하며, 반드시 하나님의 은혜와 구속이 필요하다는 사실을 드러냅니다. 기독교는 인간의 문제를 직시하면서도 절망이 아닌 희망의 길을 제시합니다.

4) 기독교는 소망을 줍니다

무신론이나 유물론은 죽음을 끝으로 규정하며, 인생을 허무와 두려움으로 몰아넣습니다. 그러나 기독교는 부활과 영원한 생명을 약속합니다(요 11:25-26). 지금의 눈물과 고통은 영원하지 않습니다. 하나님 안에서 반드시 궁극적인 정의와 회복이 이루어질 날이 옵니다. 이 소망은 단순한 심리적 위안이 아니라, 역사 속에서 실제로 부활하신 예수 그리스도의 사건 위에 세워진 확실한 소망입니다. 그러므로 기독교 신앙은 가장 현실적인 희망을 주는 세계관입니다.

5) 기독교는 이성과 감성, 과학과 신앙을 통합합니다

기독교 신앙은 맹목적 감정이 아닙니다. 그것은 이성과 철학, 과학과 조화를 이루며, 오히려 모든 학문을 하나님의 진리를 발견하는 도구로 봅니다. 과학은 사물의 법칙과 현상을 탐구하지만, 그 법칙과 질서 자체가 어디에서 비롯되었는지를 설명하지는 못합니다.

기독교는 그 근원을 창조주 하나님에게서 찾습니다. 믿음은 과학을 거부하는 것이 아니라, 과학을 가능케 한 질서의 근원을 신뢰하는 것입니다. 그러므로 신앙은 인간의 지성을 억누르는 것이 아니라, 지성을 가장 풍성하게 꽃피우는 토양이 됩니다.

R5. 한 청년의 변화 이야기

: "저는 왜 예수님을 믿게 되었을까요?"

저는 오랫동안 기독교에 대해 반감을 가진 사람이었습니다. 어릴 적 교회에 잠깐 다닌 적은 있었지만, 위선적이거나 이기적으로 보이는 몇몇 교인들의 모습에 실망했고, 무엇보다도 '정말 하나님이 존재하실까?'라는 의문이 항상 제 안에 자리 잡고 있었습니다. 과학과 이성이 세상의 모든 것을 설명할 수 있다고 생각했고, 종교는 그저 심약한 사람들이 의지하는 감정적인 위로라고 여겼습니다.

대학교에 진학한 후 철학과 과학, 심리학 등을 공부하면서 저는 더욱 확신에 차 있었습니다. 세상은 복잡하지만 결국 우연과 진화로 설명될 수 있으며, 인간은 스스로 의미를 만들어가는 존재라고 믿었습니다. 그런 저에게 하나님은 불편한 개념이었고, 기독교는 답답하고 폐쇄적인 세계관처럼 느껴졌습니다.

그러던 중, 우연한 기회에 한 청년 집회에 초청을 받아 참석하게 되었습니다. 솔직히 처음에는 '어떤 분위기인지 한 번 구경이나 해 보자'는 가벼운 마음이었습니다. 그런데 찬양이 시작되고, 누군가 간절히 눈물로 기도하는 모습을 보면서 제 마음에는 알 수 없는 울림이 있었습니다. 마음 깊은 곳에서 이상하게도 울컥하는 감정이 올라왔고, "혹시 내가 모르고 있는 것이 있는 건 아닐까?"라는 생각이 들기 시작했습니다.

집회가 끝난 후 저를 초대한 친구가 조심스럽게 말했습니다. "네가 가진 질문들, 하나님은 다 알고 계셔. 그냥 있는 그대로 물어봐도 돼. 도망치지 말고 하나님이 진짜 계신지, 직접 확인해 봐."

그날 밤, 저는 오랜만에 기도 아닌 기도를 드렸습니다. "하나님, 정말 계신다면 저에게 보여주세요. 제가 착각하고 있는 거라면, 이제 확실히 하고 싶습니다." 그 이후로 이상하게도 성경 말씀이 다르게 읽히기 시작했습니다.

요한복음 1장, "말씀이 육신이 되어 우리 가운데 거하시매"라는 구절에서 멈춰 섰습니다. 하나님이 멀리 계신 분이 아니라, 사람이 되셔서 저와 같은 삶을 살아가셨다는 사실이 너무도 생생하게 다가왔습니다. 그리고 십자가 앞에서, 제 교만과 자기 의로 가득했던 마음이 무너졌습니다. 제가 이해하려 했던 하나님은, 이성으로 다 설명할 수 있는 분이 아니라, 만남과 은혜로 경험되어야 하는 분이셨습니다.

결정적인 변화의 순간은 어느 조용한 밤에 찾아왔습니다. 말씀을 묵상하는 중에 마음 깊은 곳에서 이런 음성이 들려오는 듯했습니다.

"내가 너를 사랑한다. 너를 위해 내가 십자가에서 죽었단다." 처음에는 믿기 어려웠지만, 동시에 그보다 더 진실한 말은 없다는 생각이 들었습니다.

그날 밤, 저는 예수님을 제 삶의 주인으로 받아들이기로 결심했습니다. 예수님을 믿게 된 후에도 세상이 완전히 바뀌지는 않았습니다. 여전히 질문은 있고, 삶은 쉽지 않습니다. 하지만 분명히 달라진 것이 있습니다. 더 이상 혼자가 아니라는 사실입니다. 저는 이제 살아계신 하나님과 함께 살아가는 사람입니다. 진리는 단지 개념이 아니라, 제 안에 있는 확신이 되었고, 그 진리는 예수 그리스도 안에 있습니다.

R6. 나의 신앙 고백

나는 고백합니다: 예수 그리스도, 나의 생명의 주님

나는 이 모든 증거와 말씀 위에 내 삶을 세웁니다. 신앙은 감정이나 환경에 따라 흔들리는 것이 아니라, 변하지 않는 하나님의 말씀과 예수 그리스도의 십자가 사랑 위에 굳건합니다. 나는 날마다 말씀을 읽고, 기도로 하나님과 교제하며, 공동체와 함께 신앙을 나누며 자라가기를 원합니다.

성령 하나님께서 나를 도우셔서, 믿음의 길을 끝까지 달려가도록 인도하시길 간구합니다. 이제 나는 세상 가운데 빛과 소금으로 살아가기를 소망합니다. 나를 구원하신 하나님의 사랑을 전하며, 나의 삶을 통해 하나님께 영광 돌리기를 원합니다.

"나는 믿습니다. 그리고 이 믿음 위에 내 인생을 겁니다."

R7. 고백해 봅시다.

나의 믿음에 관한 고백이나 느낀 점, 결단 등을 적어 보세요. 그리고 오는 주일에는 모르는 사람에게 먼저 한 번 인사해 보세요.

2강

구원에 이르는 질문

2. 구원에 이르는 질문

두 번째 만남(weekend 2)

Q1. 구원이란 무엇일까요?

救 건질; 구　　　援 도울; 원

읽어보고 생각하기

톨스토이의 『참회록』에는 한 나그네의 이야기가 실려 있습니다. 어떤 나그네가 광야를 지나가다 사자를 만나 위기에 처합니다. 그는 사자를 피해 급히 우물 속으로 몸을 숨겼습니다. 그 우물은 마른 우물이었지만, 바닥에는 큰 뱀이 입을 벌리고 있었습니다. 나그네는 이러지도 저러지도 못한 채 바위 틈에서 자란 관목의 가지를 붙잡고 매달립니다. 머지않아 손아귀의 힘이 풀리면 떨어져 아래의 뱀에게 물려 죽거나, 아니면 올라가서 사자에게 잡아먹힐 상황이었습니다. 그때 위쪽에서 '사각' 하는 소리가 들려 올려다보니, 검은 쥐와 흰쥐 두 마리가 번갈아 가며 나와 그가 매달린 가지를 갉아먹고 있었습니다. 이제 죽는 건 시간문제구나 하고 있는데, 그때 위에서 몇 방울의 꿀이 떨어집니다. 위를 쳐다보니 나뭇가지 끝의 벌집에서 떨어지는 꿀이었습니다. 나그네는 혀로 그것을 핥으며, 꿀의 단맛에 취해 독사와 사자의 위험을 잠시 잊고 기뻐한다는 내용입니다.

이 이야기는 인생이 무엇인지를 깨우쳐 줍니다. 검은 쥐와 흰쥐는 밤과 낮, 곧 시간의 흐름을 상징합니다. 꿀은 젊음의 향기와 성공이 주는 부·권력·행복한 가정 등 인생의 달콤함을 의미합니다. 나그네가 우물 밖으로 나갈 수 없다는 사실은 과거로 돌아갈 수 없음을, 결국 가지가 끊겨 우물 바닥으로 떨어질 수밖에 없다는 결말은 죽음의 불가피함을 시사합니다. 이것이 곧 인생이라는 메시지입니다.

어떤 이는 "젊음은 젊은이에게 주기엔 너무 아까운 것"이라고 말했습니다. 인생은 살아가는 것처럼 보이지만, 실은 죽어가는 것입니다. 젊을 때는 알지 못하지만, 나이가 들수록 몸은 약해지고, 소중한 이들이 하나둘 떠나며, 흥미와 즐거움도 점차 사그라듭니다. 그제야 비로소 젊음의 소중함을 깨닫고, 인생이 마치 쏜 화살처럼 죽음을 향해 지나가고 있음을 자각하게 됩니다.

만약 인생이 여기서 끝난다면, 인생만큼 슬프고 불쌍한 것도 없을 것입니다. 그러나 하나님께서는 이러한 비참함에서 우리를 구원하시기를 원하십니다. 이 구원을 바르게 이해하려면 먼저 인간이 진정 어떤 존재인지 알아야 합니다.

Q2. 성경이 말하는 인간은 어떤 존재일까요?

1) 인간은 어떻게 만들어졌고, 만들어진 목적은 무엇일까요?

"하나님이 이르시되 □□의 형상을 따라 □□의 모양대로 □□가 사람을 만들고 그들로 바다의 물고기와 하늘의 새와 가축과 온 땅과 땅에 기는 모든 것을 다스리게 하자 하시고"(창세기 1장 26절)

핵심 메시지 정리하기

- 인간은 우연이 아니라 하나님의 □□대로 만들어졌습니다.
- 그러므로 인간은 하나님과 함께 살아야 할 □□□존재입니다.
- 인간을 만드신 목적은 만물을 □□□도록 하는 것이었습니다.

<힌트>

우리 관계적 다스리 형상

인간은 하나님의 형상과 모양대로 창조되었습니다. 그 때문에 다른 동물들과 달리 문화를 이루고 언어를 사용하며 내세를 사유합니다. 창세기의 "우리의 형상을 따라"라는 표현은 성부·성자·성령 곧 삼위 하나님을 가리키며, 인간이 혼자 살 수 없도록 지음 받은 관계적 존재임을 시사합니다. 또한 하나님께서는 인간을 창조 세계를 대신 다스리는 대리자로 세우셨습니다. 그러므로 인간은 하나님처럼 창조적 능력을 지니고, 동물과 달리 지·정·의가 조화를 이루는 인격적·지적 존재입니다.

인간의 존엄은 '결과'가 아니라 '기원'에서 옵니다. 삼위 하나님은 "우리"가 드러내는 관계성 안에서 인간을 지었기 때문에, 인간은 '홀로'가 아니라 '교제' 속에서 가장 인간답게 존재할 수 있습니다.

2) 인간은 어떻게 구성돼 있을까요?

"여호와 하나님이 땅의 ☐으로 사람을 지으시고, ☐☐를 그 코에 불어넣으시니 사람이 생령이 되니라"(창세기 2장 7절)

성경은 인간이 "땅의 흙"으로 지음을 받았다고 말합니다. 또한 하나님이 "생기"를 그 코에 불어 넣으심으로 생령이 되었다고 말합니다(창 2:7). 이는 인간이 육체적 양분만으로가 아니라 하나님께로부터 오는 영적 양분으로 살아가는 존재임을 뜻합니다. 하나님께서 특별히 생기를 불어넣어 생명을 주셨다는 사실은, 인간이 창조주의 숨으로 사는 존재임을 보여주며, 곧 하나님과 인간의 근본적 관계를 드러냅니다.

Q3. 하나님과 인간의 관계는 어떻게 깨어졌을까요?

"뱀이 여자에게 이르되 너희가 결코 죽지 아니하리라, 너희가 그것을 먹는 날에는 너희 눈이 밝아져 하나님과 같이 되어 선악을 알 줄 하나님이 아심이니라, 여자가 그 나무를 본즉 먹음직도 하고 보암직도 하고 지혜롭게 할 만큼 탐스럽기도 한 나무인지라 여자가 그 열매를 따먹고 자기와 함께 있는 남편에게도 주매 그도 먹은지라"(창세기 3장 4~6절)

1) 인간이 하나님의 말씀을 □□□ 했습니다

하나님은 에덴동산이라는 아름다운 세계를 만드시고, 첫 사람 아담과 하와에게 모든 것을 맡기시고 다스리게 하셨습니다. 모든 것이 가능한 세상에서 창조주는 하나님이시라는 사실을 기억하도록 동산 가운데 선악을 알게 하는 나무의 열매는 따먹지 못하게(가능하지 못하게) 하셨습니다. 그 나무를 보면서 인간은 '내가 주인이 아니라 하나님이 주인이시지'를 기억해야 했습니다. 하지만 인간은 뱀의 꾀임에 속아 이 선악을 알게 하는 나무의 열매(선악과)를 따먹음으로 불

순종하게 됩니다.

2) 이것을 성경은 ☐ 라고 말합니다

"…믿음을 따라 하지 아니하는 것은 다 죄니라"(롬 14:23)

"그러므로 사람이 선을 행할 줄 알고도 행하지 아니하면 죄니라"(약 4:17)

사람 사이의 죄는 유형이 다양하지만, 하나님 앞에서의 죄의 핵심은 하나님의 말씀에 대한 불순종입니다. 겉으로는 하나님의 요구가 엄격해 보일 수 있으나, 하나님의 모든 말씀은 본질적으로 우리를 위한 선입니다. 그러므로 말씀에 대한 불순종을 죄로 규정하는 것은 독선이 아니라, 하나님과의 관계를 깨뜨리는 잘못을 지적하는 것입니다.

성경은 죄를 원죄(原罪)와 자범죄(自犯罪)로 구분합니다. 자범죄는 우리가 실제로 행하는 죄를 말하고, 원죄는 첫 사람의 죄가 인류에게 전가·전승된 상태를 가리킵니다. 따라서 모든 사람은 태어날 때부터 죄 아래 있습니다. 우리는 어떤 행위를 해서 죄인이 되는 것이 아니라 죄인 된 존재이기 때문에 죄를 짓는다고 성경은 설명합니다. 죄인 된 정체성은 존재(being)의 문제이지, 행위(doing)의 문제가 아닙니다. 이 때문에 모든 사람은 죄인이며, 스스로는 죄로부터 자유로울 수 없습니다.

Q4. 죄의 결과는 무엇일까요?

"죄의 삯은 사망이요…"(롬 6:23)

"모든 사람이 죄를 범하였으매 하나님의 영광에 이르지 못하더니"(롬 3:23)

"한번 죽는 것은 사람에게 정해진 것이요 그 후에는 심판이 있으리니"(히 9:27)

- 죄로 인해 사람은 결국 □□하게 됩니다.
- 죄로 인해 참 하나님을 □□하지 못합니다.
- 사망 이후에는 □□을 받게 됩니다.

<힌트>		
발견	심판	사망

성경은 사람이 죽는 이유를 단순히 병들어서나 수명이 다해서가 아니라, 죄 때문이라고 말합니다. 원래 인간은 하나님과 영원히 교제하도록 창조되었으나, 지은 죄로 말미암아 죽음이 들어왔다는 것입니다.

죄로 인해 하나님과의 관계가 깨졌고, 그 결과 우리는 하나님의 영광을 제대로 보지 못합니다. 흥미롭게도 인류는 거의 모든 문화권에서 신적인 존재를 숭배해 왔습니다. 이는 인간이 하나님의 형상으로 지음 받아 신의 존재를 본능적으로 인식하기 때문입니다. 그러나 죄로 인해 참 하나님을 알아보지 못하고, 그 영광을 다른 것으로 대체하게 되었습니다.

인간의 죽음 이후는 동물과 다릅니다. 성경은 이 땅의 삶 다음에 반드시 심판이 있다고 말합니다. 그 심판은 인생 가운데 참 하나님을 믿고 회개했는지, 아니면 자기 고집대로 살았는지를 가립니다. 믿음으로 하나님을 영접한 이에게는 창조 때 의도하신 영원한 생명, 믿지 않은 이에게는 영벌이 주어집니다. 그러므로 죽음은 단지 생물학적 소멸이 아니라, 하나님과의 단절에서 비롯된 존재 붕괴의 열매입니다. 인생의 가장 큰 비극은 고통 자체가 아니라 '하나님 없음'입니다.

Q5. 하나님은 우리를 어떻게 구원하실까요?

1) 당신의 아들 □□ 를 구원자로 보내주셨습니다

"다른 이로써는 □□ 을 받을 수 없나니 천하 사람 중에 구원을 받을 만한 다른 이름을 우리에게 주신 일이 없음이라…"(사도행전 4

장 12절)

기독교가 말하는 구원은 죄로부터의 구원입니다. 죄의 대가는 반드시 본인이 치러야 합니다. 하지만 모든 인간은 각자의 죄 아래 있어 서로를 대신할 수 없습니다. 그래서 하나님께서는 죄 없으신 아들 예수를 보내시어 우리 대신 십자가에서 죽으심으로 우리의 죗값을 치르게 하셨습니다.

2) 이 사실을 믿는 자에게 □□을 주십니다

"네가 만일 네 입으로 예수를 주로 시인하며 또 하나님께서 그를 죽은 자 가운데서 살리신 것을 네 마음에 믿으면 구원을 받으리라"(로마서 10장 9절)

예수께서 나를 위하여 대신 십자가에 못 박혀 죽으셨고, 그 사실을 마음으로 받아들이기로 하는 것이 믿음의 출발입니다. 믿음의 출발은 내가 죄인인 것을 인정하는 것이고, 그 죗값을 예수께서 대신 치르셨다는 사실을 믿는 것입니다. 그리고 예수가 부활하신 것처럼, 예수님의 구원을 믿는 자는 예수님처럼 부활할 것을 믿는 것입니다. 믿음의 출발은 쉽습니다. 마음으로 예수를 구원자로 받고, 입으로 시인하여 믿음의 길을 시작하시면 됩니다.

3) 믿는 자는 하나님의 □□가 되는 권세를 주십니다

"영접하는 자 곧 그 이름을 믿는 자들에게는 하나님의 자녀가 되는 권세를 주셨으니"(요한복음 1장 12절)

예수님을 구원자로 믿는 자에게는 하나님의 자녀가 되는 권세를 주셨습니다. 이 말은 죄로 인해 끊어졌던 하나님과의 관계가 회복되어, 이 땅에 사는 동안에서 하나님의 말씀과 기도로 하나님과 교제하며 살 수 있는 길이 열렸다는 뜻입니다. 이런 관계 회복을 '권세'라고 하는 것은 그만큼 놀랍고 고귀한 특권이기 때문입니다. 구원은 값싼 용서가 아니라 십자가에서 완전히 지불된 대속입니다. 그러므로 믿음은 '공로'가 아니라 '비어 있는 손'으로 받는 것입니다.

Q6. 예수를 구원자로 받아들이시겠습니까?

믿는 것은 인격적인 결단으로 시작합니다. 신비한 체험이나 최면에 걸려 나도 모르게 속임 당하는 것이 아닙니다. 마음을 열고 예수가 죄 많은 나를 위해 대신 죽으셨음을 받아들이고, 그를 믿으면 나도 죄 용서를 받고, 구원받을 수 있음을 받아들이는 것입니다. 결단은 감정의 파도가 아니라 진리에 대한 신뢰입니다. 이 믿음은 마음으로 받고, 입으로 시인하는 것으로 시작됩니다.

예수님을 영접하는 기도

주 예수님, 저는 주님을 믿고 싶습니다.

지금, 내 마음의 문을 열고

예수님을 나의 구주,

나의 하나님으로 모셔드립니다.

지금 내 마음 중심에 오셔서

나를 변화시켜 주시고,

나를 하나님이 원하시는

사람으로 만들어 주옵소서.

십자가에서 나를 위해 죽어 주심을

진심으로 감사합니다.

이제부터 영원까지 나를 책임져 주시옵소서.

예수님의 이름으로 기도드립니다.

믿음은 인격적인 행위요, 하나님을 향해 마음을 여는 것입니다. 하나님이 정말 살아계신 하나님이시라면, 이제 당신의 인생을 맡겨 보시고, 하나님께서 내 삶에서 행하시는 것을 경험하시면 됩니다. 신앙은 예배를 드림으로, 말씀을 배움으로 천천히 성숙해 가며, 때로는 체험을 통해 하나님을 만나게 되는 일도 있습니다. 그러나 하나님은 처음부터 끝까지 인격적으로 찾아오신다는 사실을 잊지 마시기 바랍니다.

Q7. 구원받은, 혹은 받기 원하는 사람은 어떻게 살아야 할까요?

1) 예배에 빠지지 마시고, 진심을 담아 하나님의 말씀을 듣고 이해하려고 해보세요.
2) 말씀을 읽으시고, 기회를 내어서 교회에서 말씀을 배우세요.
3) 하나님께 기도하는 시간을 가지세요(식사 전, 기상 후, 취침 전, 혼자 있는 시간 등).
4) 믿음의 사람들과 교제하면서 함께 신앙생활하세요.

[암송구절]

"네가 만일 네 입으로 예수를 주로 시인하며 또 하나님께서 그를 죽은 자 가운데서 살리신 것을 마음에 믿으면 구원을 받으리라, 사람이 마음으로 믿어 의에 이르고 입으로 시인하여 구원에 이르느니라"(로마서 10:9-10)

R1. 인간은 이런 존재입니다.

: 처음부터 우리는 하나님의 사랑받는 존재였습니다.

우리는 우연히 이 땅에 태어난 존재가 아닙니다. 성경은 분명히 선언합니다. “하나님이 자기 형상대로 사람을 창조하시니라”(창세기 1:27). 인간은 창조의 산물일 뿐 아니라, 하나님의 형상을 따라 지음받은 특별한 존재입니다. 우리는 하나님과 친밀한 교제를 누리며, 그분의 뜻을 세상 속에서 드러내도록 부름받았습니다.

하나님께서는 우리를 단순한 피조물 중 하나로 보지 않으십니다. 마치 부모가 자녀를 조건 없이 사랑하듯, 하나님은 인간을 자녀로 품으시고 그 존재 자체를 귀히 여기십니다. 이 사실은 인간의 정체성을 규정하는 가장 근본적인 진리입니다. 우리는 하나님의 사랑 속에서 지음 받았고, 그 사랑을 받기 위해 창조되었습니다.

또한 하나님은 인간에게 "자유의지"라는 놀라운 선물을 주셨습니다. 이것은 단순히 프로그램된 삶이 아니라, 자발적으로 하나님을 사랑하고 순종할 수 있는 능력입니다. 하나님은 강요된 사랑이 아닌, 진실하고 자유로운 사랑을 원하셨습니다. 그러나 그 자유는 동시에 책임을 동반합니다. 아담과 하와는 하나님의 말씀보다 자신의 판단을 따름으로 죄가 세상에 들어오게 되었고, 인류는 하나님과의 관계에서 멀어졌습니다.

이 장면은 마치 자녀가 부모의 품을 떠나 방황하는 것과 같습니다. 부모는 여전히 자녀를 사랑하지만, 자녀가 떠난 이상 그 사랑을 누리지 못하는 것처럼, 인간은 하나님의 사랑을 거절함으로 영적인 소외를 겪게 되었습니다. 그러나 놀라운 사실은 하나님이 결코 인간을 포기하지 않으셨다는 것입니다. 떠난 자녀를 기다리는 부모처럼, 하나님은 여전히 우리를 향한 사랑을 간직하시고, 잃어버린 관계를 회복하기 위한 구원의 길을 준비하셨습니다.

R2. 죄의 정의와 그 결과

: 죄는 생각보다 그 결과가 심각합니다.

죄에 대해 깊이 이해하려면 먼저 죄의 본질을 알아야 합니다. 죄는 단순히 잘못된 행동이나 규칙을 어기는 것을 넘어서, 하나님과의 관계를 끊고 하나님 없이 살아가려는 태도입니다.

1) 하나님과의 관계 단절

죄의 가장 큰 문제는 하나님과의 관계가 끊어진다는 것입니다. 성경에서 죄는 하나님을 거역하고, 하나님의 뜻과 계획을 따르지 않는 상태를 말합니다. 이는 인간이 하나님께서 주신 지혜와 뜻을 무시하고, 자기 뜻대로 살아가려고 할 때 발생합니다.

창세기 3장에 나오는 아담과 하와의 범죄가 대표적인 예입니다. 하나님은 아담과 하와에게 "이 모든 나무의 열매는 먹을 수 있지만,

선악을 알게 하는 나무의 열매는 먹지 말라"라고 하셨습니다. 이것은 단순한 통제가 아니라 이 계명을 통해 하나님이 왕이심을 기억하라는 장치였습니다. 그러나 아담과 하와는 하나님 말씀을 따르지 않고 선악과를 따먹었습니다. 그 결과로 그들은 하나님과의 친밀한 관계가 끊어지고, 하나님과의 단절이 시작되었습니다. 이처럼 죄는 하나님과의 친밀한 교제를 방해하고, 결국 그 관계를 단절시키는 원인이 됩니다.

2) 영적 죽음

죄는 단순히 인간이 도덕적으로 잘못된 행동을 하는 것이거나 하나님을 기분 나쁘게 하는 것뿐만 아닙니다. 영적으로 죽은 상태를 초래합니다. 로마서 6장 23절은 "죄의 삯은 사망"이라고 말합니다. 죄는 단순히 외적으로 나쁜 행동을 의미하는 것이 아니라, 인간 존재의 영적인 죽음을 가져옵니다.

이것은 물리적인 죽음과는 다른 의미입니다. 물리적인 죽음은 생명이 끝나는 것이지만, 영적 죽음은 하나님과의 관계가 끊어짐으로써 영원히 하나님과 함께 할 수 없는 상태에 빠지게 되는 것입니다. 이는 예수님을 믿지 않는 자들에게 영원히 하나님과 떨어져 있는 것을 의미합니다.

3) 내적인 공허와 방황

죄의 결과는 또한 내적인 공허감과 방황을 가져옵니다. 사람들은 하나님과의 관계가 끊어진 후, 세상의 여러 가지로 만족을 찾으려고 하지만, 그 만족은 일시적이고, 결국 공허함을 느끼게 됩니다.

예를 들어, 돈이나 명예, 세상의 즐거움 등을 추구하지만, 그것들이 가져다주는 기쁨은 한정적이고 지속되지 않습니다. 왜냐하면 사람은 하나님과의 관계 속에서만 진정한 만족을 찾을 수 있기 때문입니다. 그래서 칼빈은 사람의 마음에는 하나님만으로 채울 수 있는 공간이 있다고 했습니다. 이에 따라 많은 사람이 마음속에서 정체성의 혼란과 내적인 공허함을 느끼고, 세상 속에서 끊임없이 자신과 행복을 찾으려 노력합니다. 하지만 찾을 수 없습니다.

4) 도덕적 타락

죄는 또한 사람의 도덕성과 윤리를 타락시키는 결과를 가져옵니다. 하나님을 떠난 인간은 자연스럽게 자신의 기준과 생각으로 옳고 그름을 판단하게 되며, 결국 도덕적인 기준이 흐려지고, 사회적 규범을 어기는 행동을 하게 됩니다. 하나님께서 제시하신 도덕적, 윤리적 기준 없이 살아가면, 사람들은 점점 더 자신의 이익을 추구하고, 서로를 해치는 행동을 하게 됩니다. 심판주가 없다는 전제 하의 인간은 상상 이상으로 타락할 수 있습니다. 이에 따라 전 세계적인

갈등과 분쟁, 범죄 등이 발생하는 원인이 됩니다.

5) 영원한 형벌

마지막으로, 죄의 궁극적인 결과는 영원한 형벌입니다. 성경은 죄의 결과가 단지 이 세상에서만 끝나는 것이 아니라고 경고합니다. 죄는 결국 하나님과 영원히 분리되는 결과를 낳습니다. 요한계시록 20장 15절은 "누구든지 생명책에 기록되지 못한 자는 불못에 던져지리라"라고 말합니다. 이 불못은 하나님과의 영원한 단절, 즉 영원한 형벌을 의미합니다.

죄의 끝은 결국 하나님을 떠난 채 영원히 고통받는 상태에 빠지게 되는 것입니다. 이와 같은 경고는 하나님께서 죄를 미워하시고, 죄가 인간에게 가져오는 고통이 얼마나 심각한지를 보여주기 위한 것입니다.

죄는 단순한 나쁜 행동이 아닙니다. 죄는 하나님과의 관계를 끊고, 내적인 공허와 방황, 도덕적인 타락을 초래하며, 궁극적으로 영원한 형벌로 이어집니다. 그러나 하나님은 우리의 죄를 해결하기 위해 예수 그리스도를 보내셔서 구원의 길을 열어주셨습니다. 예수님을 믿고 죄에서 돌아설 때, 우리는 하나님의 사랑 안에서 회복되고 새로운 삶을 시작할 수 있습니다.

R3. 하나님은 우리를 포기하지 않으십니다.

: 구원의 시작은 하나님의 사랑입니다

인간이 죄로 인해 하나님과의 관계가 단절되었을 때에도, 하나님은 우리를 결코 포기하지 않으셨습니다. 죄로 무너진 세상을 보며 외면하거나 절망하지 않으시고, 오히려 그 순간부터 우리를 향한 구원의 길을 준비하셨습니다. 그 출발점이 바로 하나님의 변함없는 사랑입니다. 이 사랑은 구원의 첫 열쇠이며, 하나님의 모든 구원 사역을 관통하는 근본 동기입니다.

1) 영원히 변치 않는 사랑

하나님 사랑은 인간의 상태나 환경에 따라 달라지지 않습니다. 우리가 죄를 짓고 하나님께 등을 돌렸을 때에도 그분은 우리를 버리지 않으셨습니다. 사도 바울은 로마서 5장 8절에서 이렇게 증언합니다.

"우리가 아직 죄인 되었을 때에 그리스도께서 우리를 위하여 죽으심으로 하나님께서 우리에 대한 자기의 사랑을 확증하셨느니라."

이 말씀은 우리가 가장 어두운 죄 가운데 있을 때조차 하나님께서 여전히 우리를 사랑하셨다는 사실을 보여 줍니다. 우리의 실패와 배반에도 불구하고, 그분의 사랑은 절대 끊어지지 않았습니다. 바로 그 사랑이 구원의 문을 여는 첫걸음이 되었습니다.

2) 태초부터 준비된 구원

하나님의 구원 계획은 인간이 범죄한 이후에 급히 마련된 것이 아닙니다. 그것은 이미 창세 전부터 세워진 하나님의 영원한 뜻이었습니다. 창세기 3장 15절에서 하나님은 여자의 후손이 뱀의 머리를 상하게 할 것이라고 약속하시며, 장차 오실 구속자를 암시하셨습니다.

그 후 하나님은 아브라함을 부르시고 이스라엘을 택하시며, 예언자들을 통하여 끊임없이 구원의 소망을 선포하셨습니다. 수천 년의 역사를 관통하여 드러난 그 약속은 마침내 예수 그리스도 안에서 완전히 성취되었습니다. 하나님은 약속하신 계획을 절대 철회하지 않으셨고, 지금도 그 구원의 은혜 안에서 우리를 불러주십니다.

3) 사랑의 절정, 예수 그리스도

하나님의 사랑은 예수 그리스도의 오심에서 절정에 이릅니다. 요한복음 3장 16절은 이렇게 선언합니다. "하나님이 세상을 이처럼 사랑하사 독생자를 주셨으니 이는 그를 믿는 자마다 멸망하지 않고 영생을 얻게 하려 하심이라."

예수님은 완전한 하나님이자 완전한 인간으로 이 땅에 오셨습니다. 죄 없으신 그분이 우리의 죄를 대신 짊어지시고 십자가에서 죽으셨습니다. 그 희생은 우리의 노력이나 공로로 이룰 수 없는, 전적인 하나님의 무조건적인 사랑의 결과였습니다. 십자가는 하나님께서 우리를 끝내 포기하지 않으셨음을 가장 확실하게 보여주는 사건입니다.

4) 사랑이 여는 구원의 길

하나님의 사랑은 단순한 감정이나 위로의 말씀이 아니라, 실제로 구원을 이루는 능력 있는 사랑입니다. 인간은 스스로 하나님께 나아갈 수 없지만, 하나님은 예수 그리스도의 십자가와 부활을 통해 구원의 길을 여셨습니다.

사도 바울은 로마서 8장 39절에서 이렇게 선포합니다. "어떤 피조물이라도 우리 주 그리스도 예수 안에 있는 하나님의 사랑에서 우리를 끊을 수 없으리라." 우리가 연약하여 흔들리고, 때로 하나님을 외면한다 할지라도, 그 사랑은 결코 끊어지지 않고 우리를 다시 구원의 길로 이끄십니다.

5) 끝까지 함께하시는 사랑

하나님의 사랑은 시작만 있고 끝나는 사랑이 아닙니다. 구원은 한 순간의 사건으로 머무르지 않고, 우리의 평생을 관통하는 과정입니다. 하나님은 우리를 그리스도의 형상으로 빚어 가시는 동안에도 끝까지 동행하시며 지켜 주십니다.

예수 그리스도의 십자가와 부활은 그 사랑이 얼마나 크고 완전한지를 드러냅니다. 이제 우리는 그 사랑을 받아들여 구원의 은혜를 누릴 수 있습니다. 하나님은 결코 우리를 포기하지 않으셨고, 지금도 변치 않는 사랑으로 우리를 붙드십니다. 그리고 마침내 그분의 나라에서 완전한 구원을 이루실 것입니다.

R4. 구원이란 이런 것 입니다.

: 구원은 감당할 수 없는 하나님의 선물입니다

구원은 단순히 우리의 죄가 용서받는 것 이상의 깊은 의미를 가지고 있습니다. 구원은 하나님께서 친히 베풀어 주신 놀라운 은혜이며, 우리가 노력하거나 자격을 갖춰 얻는 것이 아니라, 하나님의 사랑으로 값없이 주어지는 선물입니다.

인간의 죄와 무능함 속에서도 하나님은 우리를 포기하지 않으시고, 죄인 된 우리를 구원하시기 위해 오래전부터 계획하신 일을 이루셨습니다. 구원의 본질은 곧 하나님의 사랑이 우리에게 흘러온 결과입니다. 이 은혜는 인간의 공로나 자격과는 무관하게 주어진 하나님의 초청입니다.

1) 은혜로 주어지는 선물

구원이란 하나님께서 주시는 최고의 영적 선물입니다. 인간은 죄로 인해 하나님과의 관계가 단절되었고 영적으로 죽은 상태에 있었습니다. 그러나 하나님께서는 우리를 불쌍히 여기시고 사랑하셔서 죄의 사슬에서 해방하시고 새로운 생명을 주셨습니다. 에베소서 2장 8-9절은 이렇게 선포합니다.

"너희가 그 은혜에 의하여 믿음으로 말미암아 구원을 받았으니 이것은 너희에게서 난 것이 아니요 하나님의 선물이라. 행위에서 난 것이 아니니 이는 누구든지 자랑하지 못하게 함이라."

이 말씀은 구원이 철저히 하나님의 은혜로 주어진 선물임을 강조합니다. 우리가 어떤 행위나 노력으로 구원을 얻은 것이 아니라, 하나님의 무조건적인 사랑과 자비가 우리를 구원의 자리로 인도하셨다는 것입니다.

2) 스스로 얻을 수 없는 은혜

구원은 결코 인간이 스스로 쟁취할 수 있는 것이 아닙니다. 죄로 인해 하나님과의 관계가 완전히 단절된 우리는 스스로 하나님께 나아갈 힘이 없었습니다. 아무리 선행을 행하고 도덕적으로 살더라도 죄의 문제를 해결할 수 없었습니다.

우리의 의와 노력은 하나님 앞에서 아무 의미가 없었고, 우리는 스스로 구원받을 능력이 없는 존재였습니다. 그러나 하나님은 우리의 무력함을 아시고 친히 구원의 길을 여셨습니다. 그 길은 예수 그리스도를 통한 구속의 길입니다. 예수님께서 십자가에서 우리의 죄를 대신 짊어지시고 죽으심으로 인해 우리는 하나님과의 관계가 회복되었고, 믿음으로 영원한 생명을 얻는 길이 열리게 되었습니다.

3) 은혜란 무엇인가?

구원의 핵심 단어 중 하나는 "은혜"입니다. 은혜는 자격 없는 자에게 값없이 주어지는 하나님의 사랑과 호의입니다. 인간이 아무리 노력해도 도달할 수 없는 하나님의 의와 사랑을, 하나님께서 일방적으로 베푸신 것입니다. 이것을 한 마디로 '헤세드'라고 합니다. 헤세드는 한국말로 번역할 말이 없는 하나님이 하나님의 백성을 대하시는 방식입니다. 은혜는 우리가 아무 공로 없이 하나님께 용서받고 새로운 삶을 누리게 되는 하나님의 초청입니다.

로마서 5장 8절은 그 은혜를 이렇게 증언합니다. "우리가 아직 죄인 되었을 때에 그리스도께서 우리를 위하여 죽으심으로 하나님께서 우리에 대한 자기의 사랑을 확증하셨느니라."

하나님은 우리가 죄로 죽을 수밖에 없는 존재였지만, 그런데도 예수님을 보내셔서 십자가의 죽음과 부활로 구원의 길을 열어주셨습니다. 은혜는 인간의 조건과 자격을 넘어선 하나님의 사랑의 절정입니다.

4) 믿음으로 받는 구원

구원은 하나님의 은혜로 값없이 주어지는 선물이지만, 그 선물을 받아들이는 길은 믿음입니다. 믿음은 단순히 예수님에 대한 지식이나 호감이 아니라, 예수 그리스도를 나의 주님이자 구원자로 전적으로 신뢰하고 의지하는 결단입니다.

에베소서 2장 8절에서 사도 바울은 "믿음으로 말미암아 구원을 받았다"라고 강조합니다. 믿음이란 하나님의 은혜를 내 삶에 받아들이는 통로이며, 하나님과의 관계가 회복되는 열쇠입니다. 우리가 믿음을 통해 예수님께 인생을 맡길 때, 하나님은 우리를 의롭다 하시고 새 생명으로 인도하십니다. 하지만 믿은 후에는 믿게 하시는 분도 하나님이시라는 사실을 깨달아 갑니다.

5) 행위로 얻을 수 없는 구원

구원은 결코 우리의 공로나 행위의 결과가 아닙니다. 에베소서 2장 9절은 이렇게 말합니다. "행위에서 난 것이 아니니 이는 누구든지 자랑하지 못하게 함이라." 우리가 선행을 많이 하고 경건한 삶을 산다고 해도 그것으로 하나님 앞에 의롭다 하심을 받을 수 없습니다.

구원은 오직 하나님의 은혜와 예수 그리스도의 희생으로만 주어집니다. 그러므로 구원을 받은 사람은 자신을 자랑할 수 없고, 오직 하나님께 감사하며 그 은혜를 다른 이들에게 흘려보내는 삶을 살아야 합니다.

구원이라는 선물은 하나님께서 조건 없이 주시는 사랑의 증거입니다. 우리는 자격이 없었지만, 하나님은 끝없는 자비와 은혜로 우리를 구원의 자리로 초대하셨습니다. 구원은 전적인 하나님의 은혜요 사랑이며, 인간의 공로나 행위로는 결코 얻을 수 없는 선물입니다. 그 선물을 받아들이는 순간 우리는 하나님의 자녀가 되어 새로운 삶을 시작하게 됩니다.

R5. 십자가의 의미

: 하나님의 공의와 사랑이 만나는 곳

십자가는 기독교의 중심이자 가장 강력한 상징입니다. 단순히 예수님의 고난과 죽음을 떠올리게 하는 사건이 아닙니다. 그것은 하나님의 공의와 사랑이 완벽하게 만나는 자리이며, 인류의 운명을 바꾼 역사의 정점입니다. 십자가에서 하나님은 죄에 대한 공의로운 심판을 내리셨고, 동시에 그 심판을 감당하기 위해 자기 아들을 내어주시는 놀라운 사랑을 나타내셨습니다. 이 십자가 사건은 하나님의 구속 계획의 완전한 성취이며, 죄와 사망 아래 있던 인류가 자유와 생명을 얻을 수 있는 유일한 길을 열어주었습니다.

1) 하나님의 공의가 실현된 자리

하나님의 공의는 하나님께서 거룩하신 성품으로 인해 죄를 결코

간과하지 않으시고, 반드시 공정하고 정의롭게 심판하신다는 뜻입니다. 죄는 단순한 실수가 아니라 하나님께 대한 반역이며, 성경은 "죄의 삯은 사망"이라고 선언합니다(로마서 6:23). 하나님의 거룩하심은 죄에 대한 심판을 반드시 요구하였고, 그 결과는 죽음이었습니다. 인간은 이 심판을 감당할 능력이 없었고, 그 결과 하나님과의 관계가 단절된 채 영원한 형벌을 피할 수 없는 존재가 되었습니다.

이때 예수 그리스도께서 죄 없는 몸으로 이 땅에 오셔서 우리의 죄를 대신 짊어지셨습니다. 그는 아무 죄가 없으셨지만, 하나님의 공의를 충족시키기 위해 자신을 제물로 드리셨습니다. 십자가는 하나님의 공의가 온전히 실행된 자리로, 죄에 대한 심판은 결코 무시되지 않았으며 예수님의 희생을 통해 완벽하게 이루어졌습니다.

로마서 3장 25-26절은 이렇게 말씀합니다. "이 예수는 하나님이 그의 피로 믿음을 통하여 화목제물로 세우셨으니… 이는 하나님께서 자기를 믿는 자를 의롭다 하심으로써 그의 의로우심을 나타내려 하심이라." 십자가는 하나님의 공의와 의로움이 손상되지 않은 채 죄인이 구원받는 길을 연 유일한 사건입니다.

2) 하나님의 사랑이 드러난 자리

십자가는 공의뿐 아니라 하나님의 무한한 사랑이 가장 극명하게 드러난 자리입니다. 하나님은 우리가 죄로 인해 멸망당할 수밖에 없는 존재임에도 불구하고, 우리를 사랑하셔서 아들을 이 땅에 보내셨습니다. 예수님은 영원 전부터 하나님과 함께하신 완전한 하나님이셨지만, 우리의 구원을 위해 인간의 몸을 입고 오셔서 고난을 받으셨습니다.

십자가는 하나님의 사랑의 절정을 보여줍니다. 우리가 하나님께 등을 돌리고 죄 가운데 살아가던 때에도 하나님은 우리를 포기하지 않으셨습니다. 요한복음 3장 16절은 이렇게 말씀합니다.

"하나님이 세상을 이처럼 사랑하사 독생자를 주셨으니 이는 저를 믿는 자마다 멸망하지 않고 영생을 얻게 하려 하심이라."

이 사랑은 인간의 조건이나 공로와 무관하게 베풀어진, 전적인 하나님의 선물입니다. 십자가에서 하나님의 사랑은 단순한 감정이 아닌 실제 행동으로 나타났으며, 예수님의 희생으로 우리는 하나님께 나아갈 길을 얻게 되었습니다.

3) 화해의 자리

십자가는 하나님과 인간 사이를 가로막고 있던 죄의 장벽을 허물어뜨린 사건입니다. 죄는 하나님과 인간을 분리하였고, 그 결과 인간은 하나님의 임재와 교제에서 멀어지게 됩니다. 그러나 예수님의 십자가는 그 막힌 담을 무너뜨렸습니다. 고린도후서 5장 18-19절은 이렇게 선포합니다.

"모든 것이 하나님께로부터 났으며, 그가 그리스도로 말미암아 우리를 자기와 화목하게 하시고... 하나님께서 그리스도 안에서 세상을 자기와 화목하게 하시며 사람들의 죄를 그들에게 돌리지 아니하시고…"

십자가는 하나님과 인간이 다시 연합하는 화해의 자리입니다. 그리스도의 피는 우리를 하나님께 가까이 나아가게 하는 길을 열었고, 우리는 이제 하나님의 자녀로서 하나님과의 친밀한 교제를 누릴 수 있게 되었습니다. 십자가는 단순한 용서가 아니라, 깨진 관계가 회복되는 놀라운 사건입니다.

4) 십자가에서 이루어진 구속

십자가는 구속의 사건입니다. 구속(救贖)이란 값을 치르고 자유롭게 한다는 뜻입니다. 죄로 인해 우리는 사망과 영적 죽음의 종이 되어 있었지만, 예수님이 자신의 피를 흘리심으로 우리를 죄와 사망의 권세에서 해방하셨습니다. 에베소서 1장 7절은 이렇게 말합니다.

"그의 피로 말미암아 우리가 구속 곧 죄 사함을 받았으니 이는 그가 풍성한 은혜를 따라 우리에게 넘치게 하신 것이라."

십자가는 우리가 죄와 사망에서 해방되어 하나님의 자녀로서 새로운 정체성을 얻는 자리입니다. 이 구속은 우리가 죄로부터 자유함을 누리고, 하나님의 나라를 상속받는 은혜의 시작이며, 구원의 모든 복이 십자가에서 흘러나옵니다.

5) 십자가는 영원한 생명의 소망을 주는 자리

십자가는 예수님의 죽음으로 끝나지 않았습니다. 십자가는 부활의 영광으로 이어지는 승리의 자리였습니다. 예수님은 십자가에서 죽으셨지만, 사망 권세를 깨뜨리고 부활하심으로 모든 믿는 자들에게 영원한 생명의 소망을 열어 주셨습니다. 고린도전서 15장 20-22절에서 사도 바울은 이렇게 증언합니다.

"그러나 이제 그리스도께서 죽은 자 가운데서 다시 살아나셔서 잠자는 자들의 첫 열매가 되셨도다. 사망이 사람으로 말미암았으니 죽은 자의 부활도 사람으로 말미암았도다. 아담 안에서 모든 사람이 죽은 것 같이 그리스도 안에서 모든 사람이 삶을 얻으리라."

십자가는 절망으로 끝나지 않는 희망의 상징입니다. 예수님의 부활은 십자가가 죽음의 상징이 아니라 영원한 생명의 약속임을 증거합니다. 우리는 십자가를 통해 사망을 이기신 부활의 능력을 믿고 소망 가운데 살아갈 수 있습니다.

십자가는 하나님의 공의와 사랑이 완전하게 만나는 사건이며, 우리의 죄를 심판하시되 예수님을 통해 그 심판을 대신 감당하신 하나님의 지혜입니다. 동시에 십자가는 하나님의 사랑이 극치에 이른 사건이요, 우리에게 구속과 화해, 그리고 영원한 생명을 선물해 주신 사건입니다. 십자가를 깊이 묵상할 때, 우리는 하나님의 공의와 사랑 앞에 겸손히 서게 되며, 그 사랑 안에서 참된 자유와 소망을 누리게 됩니다.

R6. 구원받은 자의 삶

: 이제, 새로운 삶이 시작됩니다!

구원을 받았다는 것은 단지 영원한 생명을 얻었다는 의미에 그치지 않습니다. 그것은 이 땅에서의 삶이 근본적으로 변화되었다는 의미입니다. 예수 그리스도를 믿고 구원받은 사람은 새로운 인생을 시작하게 됩니다. 이제 그는 하나님과의 관계 속에서 살아갑니다. 예수님의 가르침을 따르고 성령님의 인도하심에 귀 기울이며 하루하루를 살아야 합니다. 구원받은 자는 단순히 과거의 죄에서 해방된 자가 아닙니다. 그는 하나님의 뜻을 이루어가는 사람입니다. 그 삶에는 분명한 특징들이 있습니다.

1) 하나님을 예배하는 삶

구원받은 사람의 첫 번째 특징은 하나님을 예배하는 삶입니다. 예배는 단순히 주일에 드리는 의식이 아닙니다. 삶의 모든 순간이 하나님께 드리는 제사입니다. 로마서 12장 1절에서 사도 바울은 이렇게 권면합니다.

"너희 몸을 하나님이 기뻐하시는 거룩한 산 제물로 드리라. 이것이 너희의 합당한 예배니라."

하나님은 이 백성은 내가 나를 위하여 찬송하게 하려고 창조하셨다고 하십니다. 그래서 주님은 이스라엘의 찬송 가운데 거하십니다. 예배하는 자는 하나님만이 주시는 감격 속에서 하나님과 교제합니다. 우리의 몸과 생각, 행위가 모두 하나님께 드려져야 합니다. 일상의 작은 행동 하나까지도 하나님께서 기뻐하시는 산 제물이 되어야 합니다. 감사하는 마음, 정직한 태도, 사랑으로 하는 섬김이 모두 예배가 됩니다. 예배는 예배당에서만 드리는 의식이 아니라 매일의 삶 속에서 하나님을 영화롭게 하는 태도입니다.

2) 말씀에 순종하는 삶

구원받은 자는 하나님의 말씀을 사랑하고 순종하는 삶을 살아야 합니다. 성경은 단순한 경전이 아니라 우리 삶을 이끄는 하나님의 음성입니다. 예수님은 이렇게 말씀하셨습니다. "너희가 나를 사랑하면 내 계명을 지키리라"(요한복음 14:15).

이 계명은 율법의 완성인 하나님을 사랑하고, 네 이웃을 사랑하는 계명입니다. 하나님을 사랑한다면 그 사랑은 순종으로 나타납니다.

순종은 하나님의 말씀을 사랑하는 것으로 출발합니다. 말씀을 읽고 묵상하며 그 가르침을 실천해야 합니다. 성경의 가르침은 배우는 지식을 넘어 삶을 변화시키는 지혜입니다. 말씀에 순종하는 삶을 살 때 우리는 하나님과 더 친밀해지고, 세상 속에서도 하나님의 뜻을 드러내는 사람이 됩니다. 말씀대로 살 때 주시는 하늘의 평강과 희락이 있습니다. 순종은 의무가 아니라 기쁨입니다.

3) 교회 공동체와 함께하는 삶

구원은 개인적인 경험이지만, 그 은혜는 공동체로 연결됩니다. 구원받은 자는 교회의 한 부분으로 부름받았습니다. 혼자 믿음을 지키는 것이 아니라 형제자매와 함께 신앙을 세워가야 합니다. 히브리서 10장 24-25절은 이렇게 말합니다. "서로를 살펴 사랑과 선한 일을 격려하며, 모이기를 폐하지 말고, 오직 서로 권면하라."

그래서 내가 도움을 얻기도 하지만, 남을 돕기도 합니다. 교회는 하나님의 가족입니다. 예배와 말씀, 기도 속에서 함께 성장하는 영적인 가족입니다. 서로를 위해 기도하고, 격려하며, 짐을 나눕니다. 교회는 신앙의 훈련장이며 사랑을 실천하는 현장입니다. 교회 공동체 안에서 우리는 성숙해지고, 세상 속에서도 믿음을 지킬 힘을 얻습니다. 따로 떨어진 장작은 곧 불이 꺼지게 됩니다. 함께할 때 우리는 더욱 타오르고, 하나 된 행복을 누리게 됩니다. 교회 공동체원은 멀리할 수 있는 손님이 아니라 함께해야 하는 가족입니다.

4) 세상 속에서 소금과 빛이 되는 삶

구원받은 자는 세상 속에서 하나님의 뜻을 드러내야 합니다. 예수님은 우리를 소금과 빛으로 부르셨습니다. "너희는 세상의 소금이라... 너희는 세상의 빛이라"(마태복음 5:13-14).

우리는 소금과 빛이 되어야 하는 것이 아니라 이미 소금과 빛입니다. 우리의 존재적 삶과 말을 통해 세상은 빛 되신 예수를 보게 됩니다. 빛은 어둠을 밝힙니다. 소금은 세상을 부패하지 않게 합니다. 우리의 선한 행동과 정직한 삶은 사람들에게 하나님을 드러냅니다. 세상에서 진실하게 살아가는 삶이 전도의 시작입니다. 도움이 필요한 이들을 돌보고, 사랑을 나누는 일은 그리스도인의 사명입니다. 우리의 일상에서 하나님의 나라가 드러내는 삶은 가슴 벅찬 삶입니다.

5) 복음을 전하는 삶

구원은 나 혼자만 누리는 기쁨이 아닙니다. 아니 나 혼자 누릴 수 없는 기쁨입니다. 하나님께 받은 은혜를 세상에 전해야 합니다. 아니 전할 수밖에 없습니다. 예수님은 제자들에게 이렇게 명령하셨습니다. "너희는 가서 모든 민족을 제자로 삼고..."(마태복음 28:19).

이 사명은 모든 신자에게 주어진 명령입니다. 우리는 말로 복음을 전해야 합니다. 삶으로도 복음을 보여주어야 합니다. 우리의 친절과 사랑, 용서의 태도 하나하나가 복음을 증거합니다. 구원받은 사람은 세상에 구원을 흘려보내는 통로입니다.

하지만 주님은 전도를 미련한 것이라고 하셨습니다. 그러나 택한 백성은 복음을 받아들이게 됩니다. 그래서 전도는 기본적으로 전하는 자를 위한 것입니다. 복음을 전하고, 예수님을 전할 때, 우리는 우리가 누렸던 기쁨과 감격을 다시 한번 새롭게 경험합니다.

6) 성령님의 인도하심을 받는 삶

구원받은 자는 이제 성령님과 동행해야 합니다. 성령님은 우리의 마음을 새롭게 하시고, 하나님의 뜻을 분별하게 하십니다. 로마서 8장 14절은 이렇게 말합니다. "무릇 하나님의 영으로 인도함을 받는 사람은 곧 하나님의 아들이라."

성령님은 매일 우리의 생각을 다듬으시고 행동을 이끄십니다. 우리는 성령님의 음성에 귀 기울여야 합니다. 그분의 인도하심에 따라 우리는 예수님을 닮아가며, 하나님의 나라를 이 땅에서 드러내는 자로 변화됩니다.

성령님은 우리의 생각을 아시고, 결코 우리를 고아와 같이 홀로 내버려두지 않으신다고 하셨습니다. 진리의 영으로 말씀의 뜻을 가르치시며, 보혜사(保惠師)라는 이름처럼, 우리를 위로해 주시고, 상담해 주시고, 곁에서 도우시는 분이십니다. 성령이 떠나지 않기 때문에 우리의 구원이 변하지 않는 것처럼, 우리도 성령을 근심케 하지 말아야 합니다. 성령과의 동행은 행복 그 자체입니다.

구원은 끝이 아닙니다. 새로운 여정의 시작입니다. 하나님을 예배하고, 말씀을 따르고, 공동체 안에서 함께하며, 세상 속에서 빛과 소금으로 살아가야 합니다. 우리는 복음을 전하고 성령님의 이끄심 속에서 날마다 새로워져 갑니다. 구원받은 삶은 매일 예수님을 닮아가는 여정입니다. 그것은 하나님 나라를 이 땅에서 미리 살아내는 삶이며, 영원한 생명의 소망을 품고 살아가는 감격입니다. 억지로 사는 삶이 아닌 경험하지 못한 희락입니다.

R7.

기록해
봅시다.

구원에 관한 자기 생각을
편하게 적어보세요.

3강

하나님을 알아가는 질문

3. 하나님을 알아가는 질문

세 번째 만남(weekend 3)

Q1. 하나님은 어떤 분이실까요?

"제 생각에 하나님은 ______분입니다. 왜냐하면 ______입니다."

"창세로부터 그의 보이지 아니하는 것들 곧 그의 영원하신 능력과 신성이 그가 만드신 □□에 분명히 보여 알려졌나니 그러므로 그들이 핑계하지 못할지니라"(로마서 1장 20절)

봄이 오면 꽃이 피고, 여름이 되면 푸르른 숲으로 우거집니다. 가을이 되면 낙엽이 지고, 겨울이 되면 눈이 내립니다. 지구는 허공에 떠 있고, 태양을 중심으로 인간이 살 수 있는 절묘한 거리와 중력을 갖도록 합니다. 콩 심은 데 콩이 나고, 팥 심은 데 팥이 납니다. 인간은 시간이라는 한계 속에서 태어나서 살아가고 죽습니다.

이런 모든 만물의 질서와 이치를 우연히 그렇게 되었다고 보기에는 참 신기한 것이 많습니다. 이런 만물의 질서는 누군가가 설계했다고 봐야 오히려 더 타당할 것입니다. 그렇지 않고 우연히 그렇게 되었다고 생각하는 것은 마치 땅속에서 칼을 하나 발견하고 오랜 시간이 지나면서 우연히 칼이 되었다고 말하는 것과 같습니다.

성경은 믿음이 없어도 모든 사람은 만물 속에 영원하신 능력과 신성이 있다는 사실을 알 수 있다고 말합니다. 그래서 지구상의 모든 종족은 하나같이 신적인 존재를 섬기는 문화를 가지고 있습니다. 이것은 우연이 아닙니다.

하지만 인간은 신적인 존재가 있다는 사실만 짐작할 뿐, 참 하나님은 발견할 수 없습니다. 그 이유는 인간의 죄가 하나님과 우리 사이를 가로막고 있기 때문입니다. 그래서 하나님은 당신을 발견할 수 있도록 특별한 방법을 주셨습니다.

피조물은 창조주의 존재를 가리킵니다. 그러나 죄가 가로막혀 인간은 하나님을 스스로 발견할 수 없습니다. 하나님은 우리에게 계시와 말씀으로 자신을 보여 주십니다.

Q2. 참 하나님을 발견하려면 어떻게 해야 할까요?

1) □□□을 통해 하나님을 알 수 있습니다

"옛적에 선지자들을 통하여 여러 부분과 여러 모양으로 우리 조상들에게 말씀하신 하나님이, 이 모든 날 마지막에는 아들을 통하여 우리에게 말씀하셨으니 이 아들을 만유의 상속자로 세우시고 또 그로 말미암아 모든 세계를 지으셨느니라"(히브리서 1장 1,2절)

예수님이 오시기 전에는 선지자들을 통해 하나님의 말씀이 여러 모양으로 나타났습니다. 하지만 예수님이 오신 이후로는 예수님을 통해 하나님을 계시하십니다. 이것이 성경에서 말하는 참 하나님을 발견하는 유일한 방법입니다. 하지만 이미 주님은 이 땅에 계시지 않습니다. 그러면 어떻게 하나님을 알 수 있을까요?

2) □□을 통해 하나님을 깨닫게 됩니다

"너희가 성경에서 영생을 얻는 줄 생각하고 성경을 연구하거니와 이 성경이 곧 내게 대하여 증언하는 것이니라"(요한복음 5장 39절)

성경은 하나님을 알 수 있는 유일한 창구입니다. 구약은 오실 예수님에 대해서, 신약은 오신 예수님에 관해서 소개합니다. 이 성경은 하나님께서 우리에게 주신 말씀이며, 이 기록된 말씀을 통해 우리는 예수님을 알아가고, 예수님을 통해 하나님을 알게 됩니다. 참 하나님을 알기 위해서는 예수님을 통해야 하며, 성경이 그 길을 가리킵니다. 성경은 단순한 종교서가 아니라 하나님께서 우리에게 주신 계시의 통로입니다.

Q3. 하나님은 어떻게 존재하시는 분이실까요?

1) 하나님은 □□, □□, □□ 하나님으로 존재하십니다

"주 예수 그리스도의 은혜와 하나님의 사랑과 성령의 교통하심이 너희 무리와 함께 있을지어다"(고린도후서 13장 13절)

삼위일체(三位一體)라는 말은 하나님은 한 분이시면서, 동시에 세 분이시라는 말입니다. 이 세 분은 성부(聖父) 하나님, 성자(聖子) 예수님, 성령(聖靈) 보혜사로 존재하십니다. 이것을 신학적으로 말하면, 하나님은 본질에서 한 분이시지만, 그 위격(位格)은 세 분으로 존재하신다는 말입니다.[6] 인간의 이성으로 이해할 수 없고, 성경에 하나님은 '삼위일체'라는 자구적인 기록은 없습니다. 하지만 성경 전체의 말씀을 통해, 우리는 하나님께서 세 분으로 존재하시지만, 온전히 하나이신 분이심을 고백하지 않을 수 없습니다.

2) 하나님은 ☐ 이시기 때문에 언제 어디에나 존재하십니다

"하나님은 영이시니 예배하는 자가 영과 진리로 예배할지니라" (요한복음 4장 24절)

하나님은 우리와 같은 육체가 아니십니다. 그렇기 때문에 손으로 만든 모든 우상은 신이 될 수 없습니다. 하나님은 눈으로 볼 수 없지만, 존재하시는 분이십니다. 공기가 실제로 존재하지만, 눈으로 볼 수 없는 것과 같은 이치라고 할까요! 그래서 믿을 수 없다가 아니라, 그래서 하나님은 언제나 나와 함께할 수 있고, 어디에나 계실 수 있는 분이며, 시간과 공간의 제한을 받지 않으시기 때문에, 어떤 시대, 어떤 공간에도 계신 분이십니다.

3) 하나님은 객체가 아니라 주체로 존재하십니다

"이는 만물이 주에게서 나오고 주로 말미암고 주에게로 돌아감이라 그에게 영광이 세세에 있을지어다 아멘"(로마서 11장 36절)

하나님은 우리의 연구 대상이 아닙니다. 하나님이 그런 객체가 될 때, 이미 하나님은 하나님일 수가 없습니다. 하나님은 언제나 주체이십니다. 그 하나님을 만나는 것은 내가 연구하여 발견하는 것이 아니라 하나님께서 나를 만나주시고 말씀해 주시는 주체가 될 때 가능한 것입니다. 하나님을 발견하려고 믿으려고 애쓰지 말고, 하나님께 만나 달라고, 말씀해 달라고 기도하는 객체로서의 자세가 필요합니다.

Q4. 성삼위 하나님은 나를 위해 어떤 일을 하셨을까요?

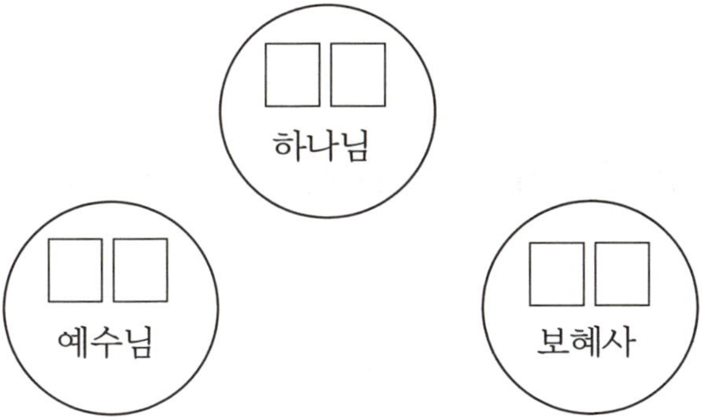

성부(聖父) 하나님은 우리의 구원을 위한 마스터 플랜을 세우셨습니다. 성자(聖子) 예수 그리스도는 인간의 역사 속으로 들어오셔서 십자가를 지심으로 구원의 길을 여셨습니다. 그리고 성령(聖靈) 하나님은 믿는 우리 안에 거하시며, 우리가 받은 구원이 결코 흔들리거나 취소되지 않도록 죽는 그날까지 동행하십니다.

세 위격은 기능에 따라 다르게 역사하시지만, 창조와 구원에 있어서는 언제나 온전히 하나 되어 함께 일하셨습니다. 그래서 우리는 하나님을 유일하신 분이라 고백합니다. 이것은 하나님 외에 다른 신이 전혀 없다는 뜻입니다. 일상에서 우리는 하나님, 혹은 예수님이라 부르며 그분과 교제하면 됩니다. 그러나 그 이름 안에는 언제나 성부, 성자, 성령이 함께 계시며, 서로 분리되지 않고 역사하십니다.

구원은 한 분 하나님, 곧 삼위 하나님의 협력 사역으로 이루어집니다. 성부의 계획, 성자의 희생, 성령의 동행이 맞물려, 우리를 향한 영원한 사랑과 구원이 완성됩니다. 이 사실은 단순한 교리가 아니라, 지금도 나를 사랑하시고 붙드시는 하나님의 살아 있는 역사입니다.

Q5. 하나님은 나의 기도를 들으실까요?

"여호와께서는 자기에게 간구하는 모든 자 곧 진실하게 간구하는 모든 자에게 □□□ 하시는도다"(시편 145편 18절)

하나님은 우리의 간구를 들으시는 분이십니다. 그래서 우리와 가까이하기를 원하십니다. 하나님은 멀리 계신 분이 아니십니다. 우리와 교제하기를 원하시고, 우리의 간구와 신음에 귀 기울이시는 분이십니다. 하나님은 죄가 있는 자를 심판하는 폭군이 아니라 용서하기를 기뻐하시고, 함께하시기를 원하셔서, 우리가 우리 마음을 토로할 때 언제나 들으시는 분이십니다. 기도는 하나님을 움직이게 하는 주문이 아니라, 나를 향한 하나님의 사랑을 경험하는 길입니다.

Q6. 하나님은 우리의 죄를 용서하실까요?

"악인은 그의 길을, 불의한 자는 그의 생각을 버리고 여호와께로 돌아오라 그리하면 그가 긍휼히 여기시리라 우리 하나님께로 돌아오라 그가 너그럽게 ☐☐ 하시리라"(이사야 55장 7절)

하나님은 우리의 죄를 기꺼이 용서하시는 분입니다. 우리가 정직한 마음으로 나아갈 때, 어떤 죄라도 용서해 주십니다. 하나님의 아들이 흘리신 피로 이미 우리의 죄는 용서되었고, 하나님께서는 우리가 회개하고 돌아오기를 기다리십니다. 우리가 죄를 고백하고 회개할 때 비로소 무거운 죄의 짐에서 벗어나 자유할 수 있습니다.

하나님은 우리가 당신을 닮아 거룩해지기를 원하십니다. 이는 우리와 깊이 교제하기를 기뻐하시기 때문입니다. 하나님은 우리의 죄를 용서하시기 위해 가장 소중한 아들을 희생하셨습니다. 우리의 죗값은 이미 치러진 것입니다. 우리가 이 크신 은혜를 믿고 나아갈 때, 하나님께서 용서하지 못하실 죄는 없습니다. 하나님의 용서는 언제나 준비되어 있습니다. 남은 것은 우리의 진정한 고백뿐입니다.

Q7. 하나님은 전지전능하신 분이실까요?

"하나님이 그에게 이르시되 나는 □□ 한 하나님이라 생육하며 번성하라 한 백성과 백성들의 총회가 네게서 나오고 왕들이 네 허리에서 나오리라"(창세기 35장 11절)

하나님만이 우리 마음을 정확히 아시며, 인생의 문제를 온전히 해결하실 수 있는 분이십니다. 그분은 우리 구원자가 되시고, 영원한 아버지가 되어 주십니다. 성경이 증언하는 하나님은 모든 것을 아시고, 가능하신 전능하신 분입니다. 하나님은 우리가 이해할 수 있도록 인간의 언어로 말씀하시며, 친히 자신을 드러내십니다. 그러나 하나님은 결코 인간의 이성으로 관찰하거나 규정할 수 있는 대상이 아닙니다. 그분은 우리의 깊은 속마음을 아시며, 인간의 한계를 넘어 불가능한 일조차도 하나님의 뜻 안에서 가능케 하시는 분입니다.우리가 전지전능하신 하나님을 신뢰할 때, 어떤 상황 속에서도 흔들리지 않는 소망을 품을 수 있습니다. 절망 가운데서도 그분을 바라볼 때, 우리는 새로운 가능성과 참된 희망을 발견하게 됩니다.

[암송구절]

"영생은 곧 유일하신 참 하나님과 그가 보내신 자 예수 그리스도를 아는 것이라"(요한복음 17:3)

주중 읽기(weekdays 3)

R1. 하나님은 이런 분이십니다.

: 하나님을 발견하고, 이해하며, 경험하는 길

하나님은 우리가 다 헤아릴 수 없을 만큼 크고 놀라우신 분입니다. 인간의 이성과 언어로는 그분의 무한한 본질을 온전히 설명할 수 없습니다. 그러나 하나님은 우리에게 당신을 알리시고, 우리와 인격적인 관계를 맺기 위해 끊임없이 다가오십니다.

이 계시는 우리의 한계를 뛰어넘어, 하나님을 실제로 경험할 수 있도록 이끄십니다. 그렇다면 우리는 어떻게 하나님을 알고, 그분을 경험할 수 있을까요? 아래에서 성경이 증언하는 하나님에 대해 더 깊이 살펴보겠습니다.

1) 하나님은 창조자이십니다 - 세상의 시작을 주관하신 분

하나님은 모든 만물의 창조자이십니다. 성경의 첫 구절인 창세기 1장 1절은 이렇게 선포합니다: "태초에 하나님이 천지를 창조하시니라." 이 말씀은 하나님께서 우주와 지구, 그리고 그 안의 모든 생명체를 무(無)에서 유(有)로 창조하셨음을 보여줍니다. 이는 오직 전능하신 하나님만이 행하실 수 있는 능력입니다.

하나님이 창조하신 세상은 혼돈이 아닌 질서로 가득 차 있으며, 무의미가 아닌 목적이 담겨 있고, 추함이 아닌 아름다움으로 채워져 있습니다. 모든 것은 그분의 섭리와 계획 속에서 존재합니다. 그러므로 우리가 살아가는 이 세상에서 일어나는 일들은 결코 우연이나 운명이 아니라, 창조주 하나님의 뜻과 주권 아래에서 이루어지는 것입니다.

2) 하나님은 영이시며, 무한하신 존재이십니다

하나님은 물리적 형태나 한계에 갇히지 않으신 영이십니다. 예수님께서는 "하나님은 영이시니"(요 4:24)라고 말씀하셨습니다. 이는 하나님이 물질적 제한을 받지 않으며, 우리의 이해를 넘어서는 초월적 존재임을 의미합니다.

하나님은 무한하시고 영원하십니다. 그분은 시간과 공간을 창조하신 분이시므로, 시작도 끝도 없으십니다. 우리는 '과거-현재-미래'라는 시간 속에서 살아가지만, 하나님은 모든 시간을 초월하셔서 영원한 현재에 존재하십니다. 이것은 우리가 완전히 이해하기 어려운 부분이지만, 하나님이 곧 모든 것의 알파와 오메가, 시작과 마침이심을 보여 줍니다(계 1:8).

3) 하나님은 사랑이시며, 자비로우신 하나님이십니다

하나님을 가장 잘 설명하는 본질은 바로 사랑입니다. 성경은 "하나님은 사랑이시다"(요일 4:8)라고 단언합니다. 사랑은 하나님의 속성이 아니라 그분의 본질입니다. 하나님은 조건 없는 사랑으로 우리를 품으십니다. 우리가 죄인이었을 때조차, 하나님은 독생자 예수 그리스도를 십자가에 내어주시기까지 사랑하셨습니다(롬 5:8). 이 사랑은 인간의 공로나 자격과 상관없이 주어지는 은혜의 선물입니다.

또한 하나님은 자비로우신 분이십니다. 우리가 죄를 범했을 때 회개하고 돌아오면, 하나님은 신실하게 우리의 죄를 용서하시고 관계를 회복시켜 주십니다(요일 1:9). 하나님의 사랑과 자비는 우리 삶의 가장 큰 힘이 되며, 절망의 순간에도 다시 일어날 수 있는 소망의 근거가 됩니다.

4) 하나님은 공의로우신 하나님이십니다

하나님은 단지 사랑만 하시는 분이 아니라, 동시에 공의로운 심판자이십니다. 하나님은 불의와 악을 그냥 두지 않으시며 반드시 심판하십니다. 죄는 하나님의 거룩한 본성과 양립할 수 없기에, 죄에 대한 하나님의 공의로운 심판은 필연적입니다.

그러나 하나님의 공의는 단순히 벌을 주는 차원에 머물지 않습니다. 그 안에는 회복과 구원의 길이 함께 놓여 있습니다. 예수 그리스도의 십자가는 하나님의 사랑과 공의가 동시에 충족된 자리입니다. 죄에 대한 엄격한 대가가 치러졌고, 동시에 죄인에게는 회개와 용서의 길이 열렸습니다. 이것이 바로 하나님의 참된 공의입니다.

5) 하나님은 전능하신 하나님이십니다

하나님은 전능하시며, 그 뜻대로 모든 것을 이루실 수 있는 능력을 가지신 분입니다. 그분은 세상을 창조하시고(창 1:1), 지금도 만물을 보존하시며(히 1:3), 역사를 주관하십니다(사 46:10). 하나님의 뜻이 무산되는 경우는 결코 없습니다.

하나님의 전능은 폭군적인 힘이 아니라, 그분의 거룩과 사랑의 성품 안에서 행사되는 능력입니다. 하나님은 악을 행하거나 스스로를 부정하지 않으십니다. 대신 인간의 한계와 불가능을 넘어, 그분의 뜻을 반드시 성취하십니다. 우리가 전능하신 하나님을 신뢰할 때, 불가능한 상황 속에서도 소망을 가질 수 있고, 하나님이 역사하시는 새로운 길을 경험할 수 있습니다.

6) 하나님은 우리와 교제하고 싶어 하시는 하나님이십니다

무한하시고 전능하신 하나님은 동시에 우리와 인격적인 관계를 원하십니다. 하나님은 인간을 단순히 피조물로만 두지 않으시고, 자유의지를 주셔서 자발적으로 하나님을 사랑하고 교제할 수 있는 존재로 창조하셨습니다.

하나님은 우리의 삶의 작은 순간에도 함께하시며, 기도에 응답하시고, 말씀으로 교훈하시며, 우리와 동행하길 원하십니다. 이는 하나님이 단순한 초월적 존재가 아니라, 친밀한 아버지 되심을 보여줍니다. 하나님을 알면 알수록 그분의 무한한 사랑과 능력을 더욱 깊이 경험하게 되며, 그분 안에서 삶의 진정한 의미와 풍성함을 누리게 됩니다.

하나님은 우주의 창조자이시며, 무한하고 영원하신 영이시고, 사랑과 자비가 충만하시며, 공의와 전능으로 세상을 주관하십니다. 무엇보다 하나님은 우리와 친밀한 관계를 맺기를 원하십니다. 하나님을 발견하고, 이해하며, 경험할 때 우리의 삶은 단순히 생존이 아니라, 하나님의 사랑과 능력 속에서 풍성한 여정이 됩니다.

R2. 하나님을 발견하려면 이렇게 하세요.

하나님은 숨어 계신 분이 아닙니다. 오히려 우리에게 자신을 알리기를 기뻐하시며, 마치 사랑하는 사람이 마음을 표현하듯 다양한 방식으로 우리 삶에 다가오십니다. 때로는 말씀을 통해, 때로는 환경을 통해, 또 때로는 사람을 통해 하나님은 우리를 부르십니다. 그렇다면 우리는 어떻게 하나님을 발견할 수 있을까요?

1) 마음을 열고 정직하게 하나님을 찾으세요

하나님은 결코 억지로 자신을 믿게 하지 않으십니다. 그러나 하나님을 찾는 자에게는 반드시 만나 주십니다. 예레미야 29장 13절은 이렇게 약속합니다: "너희가 전심으로 나를 찾고 찾으면 나를 만나리라."

하나님을 발견하는 첫걸음은 열린 마음입니다. "정말 하나님이 계시다면 알고 싶습니다."라는 겸손하고 진실한 고백으로 시작해 보십시오. 하나님은 위선이 아닌 정직한 마음, 계산이 아닌 진실한 마음을 기뻐하시며, 그런 마음으로 구하는 자를 결코 외면하지 않으십니다.

2) 성경을 통해 하나님을 알아가세요

하나님은 당신의 뜻과 성품을 성경에 기록하여 우리에게 주셨습니다. 성경은 단순히 종교적인 교재가 아니라, 하나님과 인간 사이의 사랑 이야기이자 하나님의 구원 계획을 담은 편지입니다. 예수님도 요한복음 5장 39절에서 이렇게 말씀하셨습니다: "너희가 성경에서 영생을 얻는 줄 생각하고 성경을 상고하거니와 이 성경이 곧 내게 대하여 증언하는 것이니라."

성경을 읽을 때 우리는 단순히 정보를 얻는 것이 아니라, 말씀을 통해 하나님과 인격적으로 만납니다. 매일 한 장씩이라도 성경을 읽어보십시오. 말씀을 묵상하는 그 시간은 하나님께서 우리의 마음을 만지시고, 자신이 어떤 분이신지를 보여주시는 특별한 시간이 될 것입니다.

3) 기도를 통해 하나님께 말 걸어보세요

기도는 형식적인 의무가 아닙니다. 그것은 하나님과의 친밀하고 행복한 대화입니다. 하나님은 우리가 화려한 언어나 종교적인 문장을 준비하기를 원치 않으십니다. 있는 그대로의 마음을 드리는 것이 가장 아름다운 기도입니다. 예수님은 기도의 약속을 이렇게 주셨습니다: "구하라 그리하면 너희에게 주실 것이요, 찾으라 그러면 찾아낼 것이요, 문을 두드리라 그러면 너희에게 열릴 것이니라" (마 7:7).

심지어 하나님을 잘 알지 못하는 상태에서도 이렇게 기도해 보십시오: "하나님, 정말 계시다면 제게 알려주세요." 하나님은 그 기도를 결코 무시하지 않으시며, 예상치 못한 방식으로 응답하시고 당신의 살아계심을 증거하실 것입니다.

4) 삶 속에서 하나님의 흔적을 찾아보세요

하나님은 특정한 종교 공간 안에만 머무시는 분이 아닙니다. 오히려 우리의 일상, 평범한 삶의 순간 속에서도 끊임없이 역사하십니다. 자연의 아름다움 속에서, 누군가의 따뜻한 배려 속에서, 때로는 우연처럼 보이는 특별한 만남 속에서 하나님은 우리에게 메시지를 보내십니다. 사도 바울은 로마서 1장 20절에서 이렇게 설명합니다: "창세로부터 그의 보이지 아니하는 것들… 곧 그의 영원하신 능력과 신성이 그가 만드신 만물에 분명히 보여 알려졌나니…"

눈을 뜨고 마음을 열면, 삶의 작은 순간들 속에서 하나님의 섬세한 손길을 발견할 수 있습니다. 자연과 역사는 그분의 거대한 손길을 증거하고, 우리의 일상은 그분의 세밀한 사랑을 보여줍니다. 이제 지하철에서, 잠들기 전 침대에서, 도서관에서 우리는 하나님을 만나게 됩니다.

5) 하나님을 아는 사람들과 함께해 보세요

신앙은 혼자 걷는 길이 아닙니다. 하나님을 믿는 사람들과 함께할 때, 우리는 더 깊이 하나님을 경험하게 됩니다. 교회 공동체는 비슷한 고민과 질문을 가진 이들이 함께 모여 하나님의 은혜를 나누고, 서로의 이야기를 통해 믿음을 북돋우는 자리입니다.

누군가의 삶 속에 나타난 하나님의 간증은 우리의 신앙을 격려하고, 하나님을 향한 믿음을 더욱 분명하게 세워 줍니다. 또한 공동체는 우리가 연약할 때 붙들어 주는 손이 되고, 기쁠 때 함께 찬양하는 동반자가 됩니다. 믿음은 원래부터 혼자가 아니라 공동체가 함께 걷는 길입니다.

하나님은 숨어 계신 분이 아니라 언제나 우리 곁에 계신 분입니다. 우리가 마음을 열고, 말씀과 기도, 그리고 삶 속의 흔적을 통해 하나님께 나아갈 때, 하나님은 반드시 만나 주십니다. 하나님을 발견하는 일은 거창하거나 특별한 순간에서만 시작되지 않습니다. 지금 이 자리, 당신의 마음에서 드리는 진실한 질문과 작은 기도가 하나님과의 만남의 출발점입니다. 하나님은 당신이 그분을 찾는 그 마음을 기쁘게 받으시며, 반드시 응답하십니다. 그리고 그 만남은 우리의 삶을 새롭게 변화시키고, 참된 평안과 소망으로 이끌어 갈 것입니다.

R3. 하나님이 나를 위해 하신 일

: 하나님은 단지 "멀리 계신 신"이 아닙니다

하나님은 우리와 무관하게 저 멀리서 지켜보기만 하시는 분이 아닙니다. 하나님은 당신을 아시고, 사랑하시며, 당신의 삶 속에 깊이 개입하시는 인격적인 분이십니다. 그분은 단순히 우리가 이 땅에서 조금 더 잘 살기만을 바라시는 것이 아니라, 우리의 존재 전체가 회복되고, 영원한 생명을 누리기를 원하십니다. 그 소망을 이루시기 위해 하나님은 직접 놀라운 일을 행하셨습니다.

1) 죄에서 나를 구원하시기 위해 예수님을 이 땅에 보내주셨습니다

인간은 죄로 인해 하나님과의 관계가 끊어졌습니다. 이 죄는 우리가 아무리 착하게 살고 노력한다 해도 스스로 해결할 수 없는 문제입니다. 그래서 하나님은 우리 대신 죄의 문제를 해결하실 구원자, 예수님을 이 땅에 보내셨습니다. 요한복음 3장 16절은 이렇게 말씀

합니다: "하나님이 세상을 이처럼 사랑하사 독생자를 주셨으니, 이는 그를 믿는 자마다 멸망하지 않고 영생을 얻게 하려 하심이라." 이 말씀은 하나님께서 단순히 세상을 일반적으로 사랑하신 것이 아니라, 나를 포함한 모든 한 사람 한 사람을 위해 자신의 가장 귀한 아들을 내어주셨다는 뜻입니다. 이것은 피상적인 관심이 아니라, 목숨을 건 사랑입니다.

2) 예수님이 나의 죄를 대신하여 십자가에서 죽으셨습니다

예수님은 죄가 전혀 없으셨지만, 우리의 죄를 대신 짊어지시고 십자가에서 고난을 당하셨습니다. 로마서 5장 8절은 이렇게 증언합니다: "우리가 아직 죄인 되었을 때에 그리스도께서 우리를 위하여 죽으심으로 하나님께서 우리에 대한 자기의 사랑을 확증하셨느니라."

우리는 아무것도 하지 않았지만, 하나님은 먼저 다가오셨습니다. 우리의 자격이나 노력 때문이 아니라, 전적인 사랑으로 가장 큰 희생을 감수하신 것입니다. 십자가는 단순한 종교적 상징물이 아닙니다. 그것은 하나님이 나를 위해 실제로 행하신 사랑의 절정이자, 역사를 가르는 사건입니다. 그 희생으로 말미암아 우리는 죄의 형벌에서 벗어나고, 하나님과 다시 연결될 수 있게 되었습니다.

3) 예수님의 부활로 영원한 소망을 주셨습니다

예수님은 십자가에서 죽으신 후 사흘 만에 다시 살아나셨습니다. 그분의 부활은 단순한 기적 사건이 아니라, 죽음을 정복하신 하나님의 능력이며, 하나님의 약속이 성취되었음을 보여줍니다. 고린도전서 15장 20절은 이렇게 선포합니다: "이제 그리스도께서 죽은 자 가운데서 다시 살아나사 잠자는 자들의 첫 열매가 되셨도다."

부활은 곧 우리도 그분 안에서 다시 살아나 영원한 생명을 누리게 될 것이라는 확실한 보증입니다. 죽음 이후에도 소망이 있다는 사실, 이것은 세상의 어떤 철학이나 종교도 줄 수 없는 기독교의 고유한 선물입니다. 그리스도의 부활은 단지 과거의 사건이 아니라, 오늘 우리에게 영원한 소망을 주는 살아있는 현실이요, 소망입니다.

4) 지금도 나를 위해 일하고 계십니다

하나님은 단지 과거에만 위대한 일을 하신 분이 아닙니다. 지금, 이 순간에도 나의 삶 가운데 살아 역사하시며, 끊임없이 함께하십니다. 내가 외로울 때 위로자가 되시고, 길을 잃을 때 진리로 인도하시며, 죄 가운데 넘어질 때 용서하시고 다시 세워 주십니다. 로마서 8장 34절은 이렇게 말합니다: "죽으실 뿐 아니라 다시 살아나신 이는 그리스도 예수시니, 그는 하나님 우편에 계신 자요, 우리를 위하여 간구하시는 자시니라."

예수님은 지금도 하늘 보좌 우편에서 우리를 위해 중보하시며, 우리가 끝까지 믿음을 지킬 수 있도록 도우십니다. 그분은 단순히 과거의 구세주가 아니라, 현재 우리의 선한 목자로서 우리와 동행하십니다.

5) 내 인생의 의미와 목적을 회복시켜 주십니다

하나님은 우리가 단순히 "조금 더 잘 사는 것"을 원하시지 않습니다. 하나님은 우리가 왜 이 땅에 존재하는지, 누구를 위해 살아야 하는지, 그리고 무엇을 위해 달려가야 하는지를 알게 하십니다. 에베소서 2장 10절은 이렇게 말합니다: "우리는 그가 만드신 바라 그리스도 예수 안에서 선한 일을 위하여 지으심을 받은 자니…"

하나님은 우리를 그분의 선한 뜻 안에서 필요하고도 귀한 존재로 지으셨습니다. 그러나 죄로 잃어버린 삶의 의미와 목적을 예수 그리스도를 통해 다시 회복시켜 주십니다. 그리스도 안에서 우리는 더 이상 방황하는 존재가 아니라, 하나님의 계획 속에서 소명을 따라 살아가는 자가 됩니다. 하나님께서 우리를 위해 행하신 일들은 단순한 선행이나 좋은 교훈이 아닙니다. 그것은 하나님 자신의 전부를 내어주신 사랑의 역사입니다. 우리는 그 사랑을 받을 자격이 없지만, 하나님은 조건 없이 우리를 사랑하셨습니다. 지금도 변함없이 사랑하시며, 언제나 우리를 기다리고 계십니다.

하나님이 나를 위해 하신 일은 내 삶을 변화시키고, 내 영원을 바꾸기에 충분히 크고 놀라운 일입니다. 그 사랑에 가장 올바르게 응답하는 길은, 그분 앞에 나아가 그 사랑을 온전히 받아들이는 것입니다. 하나님께서 열어주신 구원의 길 위로 걸어갈 때, 우리의 삶은 비로소 참된 자유와 소망을 누리며 영원한 생명의 약속 안에서 풍성해질 것입니다.

R4. 하나님은 나의 기도를 들으십니다.

하나님은 단지 저 멀리에서 세상을 바라보는 창조주로만 존재하지 않으십니다. 그분은 우리의 삶 속에 세밀히 관여하시며, 우리의 작은 한숨, 마음 깊은 곳의 소리, 눈물 속의 고백조차 놓치지 않고 들으시는 인격적인 분이십니다. 우리는 종종 하나님이 너무 크고 멀리 계신 분이라고 생각하지만, 성경이 말하는 하나님은 우리의 일상에 가장 가까이 계신 아버지이십니다.

1) 기도란 무엇일까요?

기도는 하나님과의 대화입니다. 정해진 형식이나 화려한 언어가 필요한 것이 아닙니다. 있는 그대로의 내 마음을 솔직하게 올려 드리는 것이 바로 기도입니다. 힘들 때 "하나님, 너무 괴로워요"라고 말하는 것, 기쁠 때 "하나님, 감사합니다"라고 고백하는 것, 길을 잃었을 때 "하나님, 도와주세요"라고 부르짖는 것, 이 모든 것이 진실한 기도입니다. 시편 62편 8절은 이렇게 말합니다: "백성들아 시시로 그를 의지하고 그의 앞에 마음을 토하라 하나님은 우리의 피난처시로다."

기도는 내 삶의 무거운 짐을 홀로 지지 않고, 하나님께 맡기는 은혜의 통로입니다. 겉으로는 웃고 있어도 속으로 울고 있는 우리의 심정을, 하나님은 누구보다 잘 아십니다. 그렇기에 우리는 언제든, 어떤 상황에서든 그분 앞에 나아가 마음을 쏟아낼 수 있습니다.

2) 하나님은 우리의 기도에 관심이 있으십니다

하나님은 단지 전지전능하신 우주적 존재가 아니라, 자녀의 필요를 귀 기울여 들으시는 아버지이십니다. 예수님은 누가복음 11장에서 이렇게 말씀하셨습니다: "너희 중에 아버지가 되어 자식이 생선을 달라 하는데, 생선 대신 뱀을 주며… 하물며 너희 하늘 아버지께서 구하는 자에게 좋은 것을 주시지 않겠느냐"(눅 11:11-13).

이 말씀은 하나님이 우리의 필요를 외면하지 않으시고, 가장 선한 것으로 응답하시는 분임을 보여줍니다. 때로는 우리가 원하는 즉각적인 응답이 보이지 않을 수 있습니다. 그러나 하나님은 언제나 우리의 기도를 들으시며, 가장 좋은 때에, 가장 좋은 방법으로 반드시 응답하십니다. 하나님의 응답은 단순히 문제 해결에 그치지 않고, 우리의 믿음을 세우고 삶을 더 온전하게 빚어 가십니다.

3) 기도는 관계를 깊게 합니다

누군가와 자주 대화하면 친밀함이 쌓이듯, 기도를 통해 하나님과의 관계도 더욱 깊어집니다. 기도는 일방적인 요청이 아니라, 하나님과의 교제이자 관계의 성장입니다. 기도할수록 우리는 하나님을 더 알게 되고, 하나님께서도 우리의 삶 속에 친밀히 다가오십니다.

요한복음 15장 7절은 이렇게 약속합니다: "너희가 내 안에 거하고 내 말이 너희 안에 거하면 무엇이든지 원하는 대로 구하라 그리하면 이루리라." 이 말씀은 단순히 우리가 바라는 모든 소원을 들어주신다는 뜻이 아닙니다. 하나님과의 관계가 깊어질수록 우리의 마음은 하나님의 뜻과 가까워지고, 그분의 계획과 일치하는 기도를 드리게 됩니다. 그렇게 드린 기도는 놀라운 응답으로 이어지고, 우리는 그 속에서 하나님이 실제로 살아 역사하심을 경험하게 됩니다.

4) 하나님은 침묵하실 때도 우리를 떠나신 것이 아닙니다

우리는 종종 이렇게 질문합니다: "기도했는데 왜 아무 일도 일어나지 않죠?" "정말 하나님이 제 기도를 듣고 계실까요?" 그러나 기억해야 합니다. 하나님의 침묵은 거절이 아니라, 더 큰 은혜를 준비하시는 과정일 수 있습니다. 때로는 기다림을 통해 우리의 믿음을 연단하시고, 더 좋은 것을 주시려는 하나님의 깊은 뜻이 있습니다.

이사야 30장 18절은 이렇게 말씀합니다: "그러나 여호와께서 기다리시나니 이는 너희에게 은혜를 베풀려 하심이요…"

하나님의 기다리심은 우리를 외면하는 침묵이 아니라, 더 크고 놀라운 응답을 위한 준비입니다. 우리가 "주님, 듣고 계시죠?" 하고 속삭일 때, 하나님은 여전히 말씀하십니다: "그래, 나는 네 기도를 듣고 있단다."

기도는 믿는 자에게 주어진 놀라운 특권입니다. 하나님은 우리가 완벽하기 때문에 기도에 응답하시는 것이 아닙니다. 그분의 자녀이기 때문에, 사랑하기 때문에 우리의 기도를 들으시고 응답하십니다. 오늘, 마음을 열고 하나님께 말을 걸어 보십시오. 하나님은 이미 귀 기울이고 계십니다. 마치 따뜻한 아버지가 아이에게 다가와 "사랑하는 아이야, 무슨 일이 있었니?"라고 묻듯, 하나님은 우리에게 다가와 말씀하십니다. 그 음성 앞에서 진심을 담아 대답해 보십시오. 기도는 살아 계신 하나님과 함께 걷는 삶의 시작이며, 그분과 동행하는 여정의 문을 여는 첫걸음입니다.

R5. 하나님은 나의 죄를 용서하십니다.

많은 사람이 마음속 깊은 곳에서 이런 질문을 던집니다. "내가 지금까지 지은 죄도 용서받을 수 있을까요?" "나는 너무 많은 실수를 했는데, 하나님이 정말 나를 용서하실까요?" 성경은 분명하게 선언합니다. "하나님은 죄를 용서하시는 분이십니다." 그분은 죄인을 정죄하기 위해 기다리시는 분이 아니라, 돌이켜 돌아오는 자를 두 팔 벌려 안아주시는 사랑의 하나님이십니다.

1) 하나님은 모든 죄를 용서하실 수 있습니다

어떤 죄든, 크든 작든, 오래된 죄든, 최근의 죄든 상관없이 하나님 앞에서는 모두 용서받을 수 있습니다. 요한일서 1장 9절은 이렇게 약속합니다.

"만일 우리가 우리 죄를 자백하면 그는 미쁘시고 의로우사 우리 죄를 사하시며 모든 불의에서 우리를 깨끗하게 하실 것이요."

이 말씀은 우리에게 두 가지 확실한 약속을 줍니다. 첫째, 하나님은 신실하고 의로우신 분이기에 약속을 반드시 지키신다. 둘째, 우리가 진심으로 회개하면 어떤 죄든지 "모든 불의에서 깨끗하게 하신다."

성경에는 이 사실을 증언하는 수많은 인물이 있습니다. 살인자였던 모세, 간음과 살인을 저질렀던 다윗, 교회를 박해하며 성도를 잡아 죽이던 바울조차 하나님의 용서를 받고 변화된 삶을 살았습니다. 하나님께는 "용서할 수 없는 죄"라는 것이 존재하지 않습니다. 진심으로 회개하는 자는 누구든지 새롭게 하시는 것이 하나님의 은혜입니다.

2) 하나님은 용서하실 뿐 아니라, 기억하지 않으십니다

우리는 보통 누군가를 용서한다고 말하면서도 마음속 깊이 그 잘못을 기억합니다. 그러나 하나님의 용서는 다릅니다. 그분의 용서는 완전하고 철저합니다. 이사야 43장 25절에서 하나님은 이렇게 말씀하십니다. "나는 네 허물을 도말하는 자니, 다시는 기억하지 아니하리라." "도말한다"라는 말은 마치 흰 종이 위의 검은 잉크를 완전히 지워 흔적조차 남기지 않는 것을 의미합니다.

하나님은 우리의 죄를 용서하실 뿐 아니라, 그것을 더 이상 묻지 않기로 작정하십니다. 이것이야말로 우리가 회개하고 자유롭게 새 출발을 할 수 있는 이유입니다. 과거가 우리를 붙잡지 못하도록, 하나님은 예수님의 십자가에서 우리의 죄를 완전히 지워 주셨습니다.

3) 하나님께 용서를 받으려면 어떻게 해야 하나요?

하나님의 용서를 받기 위해 우리가 해야 할 일은 복잡하지 않습니다. 성경은 두 가지를 강조합니다. 회개(悔改)와 믿음(信仰)입니다.

회개란, 죄를 인정하고 하나님께 돌이키는 것입니다. 단순히 "잘못했습니다"라고 말하는 차원이 아니라, 삶의 방향을 바꾸는 것입니다. 죄를 버리고 하나님께로 돌아가며, 내 삶의 주인을 다시 하나님으로 삼는 것입니다.

믿음이란, 예수님이 내 죄를 대신해 십자가에 죽으셨고, 사흘 만에 부활하셨다는 사실을 받아들이는 것입니다. 십자가와 부활을 통해 예수님께서 나의 죗값을 이미 다 치르셨기 때문에, 나는 하나님 앞에 담대히 나아갈 수 있습니다.

하나님의 용서는 값없이 주어지는 은혜입니다. 하지만 우리는 온전한 회개도, 온전한 믿음도 장담할 수 없는 존재들입니다. 그래서 그 은혜를 누리기 위해서는 나의 진심 어린 응답이 필요합니다. 하나님은 우리의 형식이 아니라, 정직한 마음을 보십니다. 완전함이 아니라 진실한 마음을 아시는 하나님은 진실하게 응답하십니다.

4) 용서받은 자는 자유를 누립니다

하나님의 용서는 단순히 과거의 잘못을 덮어주는 차원에 머물지 않습니다. 그것은 우리 삶 전체를 새롭게 하는 능력입니다. 죄책감에서 벗어날 수 있습니다. 더 이상 과거의 잘못에 매이지 않고 새 출발을 할 수 있습니다. 나 또한 다른 사람을 용서할 수 있는 사람이 됩니다. 예수님은 한 여인의 죄를 용서하시며 이렇게 말씀하셨습니다. "네 죄가 사함을 받았느니라… 평안히 가라." (눅 7:48-50)

용서는 평안으로 인도합니다. 진정한 용서를 경험한 사람은 더 이상 도망치지 않고, 담대히 미래를 향해 나아갈 수 있습니다. 혹시 지금 내 마음속에도 이런 질문이 있습니까? "이런 나도 하나님께 나아갈 수 있을까?" 성경의 대답은 명확합니다. "예, 하나님은 당신을 용서하실 준비가 되어 있으십니다." 이미 십자가 위에서 예수님께서 여러분의 죗값을 모두 치르셨기 때문입니다.

이제 우리가 할 일은 단 하나입니다. 하나님 앞에 솔직히 나아가 이렇게 고백하는 것입니다. "하나님, 저를 용서해 주세요." 그 순간 하나님은 절대 외면하지 않으시고, 두 팔 벌려 품으십니다. 그리고 그 용서의 은혜 안에서 새로운 삶, 참된 자유, 영원한 평안을 허락하십니다.

R6. 하나님은 전지전능하신 분이십니다.

우리가 믿는 하나님은 단순히 마음의 위로만 주시는 분이 아닙니다. 그분은 이 세상을 창조하시고, 지금도 역사를 주관하시며 다스리시는 전지전능하신 하나님이십니다. 성경은 하나님을 "전지(全知) 하신 분", 즉 모든 것을 아시는 분으로, 또 "전능(全能) 하신 분", 즉 무엇이든 하실 수 있는 분으로 선포합니다.

1) 하나님은 모든 것을 아십니다 – 전지(全知)

하나님은 우리의 겉모습만 아시는 것이 아니라, 생각과 마음, 숨겨진 감정과 깊은 내면까지 아십니다. 시편 139편 1-2절은 이렇게 고백합니다. "여호와여 주께서 나를 살펴보셨으므로 나를 아시나이다. 주께서 내가 앉고 일어섬을 아시며 멀리서도 나의 생각을 밝히 아시나이다."

사람은 나를 제대로 알지 못하거나, 때로는 오해하기도 합니다. 그러나 하나님은 나의 눈물, 상처, 깊은 고민, 말하지 못한 속마음까지 이미 다 알고 계십니다. 그렇기에 하나님 앞에 설 때는 숨길 필요도, 꾸밀 필요도 없습니다. 있는 그대로의 나, 연약하고 부족한 모습 그대로 나아가면 됩니다. 하나님은 나를 아시는 만큼, 나를 이해하시고 품어주십니다.

2) 하나님은 모든 일을 하실 수 있습니다 – 전능(全能)

하나님은 인간의 한계와 불가능을 뛰어넘으십니다. 죽은 자를 살리시고, 바다를 가르시며, 없는 것을 있게 하신 분이 바로 하나님이십니다. 예레미야 32장 27절은 이렇게 말씀합니다. "나는 여호와요 모든 육체의 하나님이라. 내게 할 수 없는 일이 있겠느냐?"

우리 인생에도 도저히 길이 없어 보이고, 스스로 해결할 수 없는 문제들이 있습니다. 그러나 하나님께는 막힌 길이 없습니다. 우리가 "불가능"이라고 말하는 자리에서조차 하나님은 새로운 길을 내십니다. 문제보다 크신 분, 상황보다 높으신 분, 바로 하나님이십니다. 그러므로 우리는 낙심하지 않고, 그분께 모든 것을 맡길 수 있습니다.

3) 하나님은 온 세상을 다스리십니다 – 주권자(主權者)

하나님은 단지 힘만 가지신 분이 아니라, 그 능력으로 온 세상을 주관하시며 역사의 주인이십니다. 자연의 움직임, 나라와 민족의 흥

망성쇠, 그리고 한 사람의 삶까지도 하나님의 섭리와 계획안에 있습니다. 우리는 때때로 이해할 수 없는 상황을 만납니다. 그러나 성경은 우리에게 이렇게 확신을 줍니다.

"하나님을 사랑하는 자, 곧 그의 뜻대로 부르심을 입은 자들에게는 모든 것이 합력하여 선을 이루느니라." (롬 8:28)

하나님의 전능하심은 단순히 힘을 과시하기 위한 것이 아닙니다. 그것은 선과 사랑을 이루기 위한 능력입니다. 하나님은 능력으로 우리를 억누르지 않으시고, 오히려 그 능력으로 우리를 보호하고, 돕고, 인도하십니다. 하나님의 주권 안에서 우리의 삶은 결코 우연이나 방치가 아닙니다. 그분은 언제나 신실하게 선한 길로 이끌어 가십니다. 내 인생은 실수가 아닙니다.

하나님은 전지전능하신 분이십니다. 그분은 우리의 모든 상황을 아시고, 우리의 모든 문제보다 크신 능력으로 함께하십니다. 그러므로 우리가 기도할 때 "이건 불가능할 거야"라고 단정할 필요가 없습니다. 하나님께 맡기십시오. 하나님은 하실 수 있고, 반드시 가장 선한 길로 인도하십니다.

하나님은 우리의 창조자이시며, 사랑과 정의와 공의를 가지신 분입니다. 그 하나님을 발견하려면 말씀을 통해, 기도를 통해, 그리고 교회 공동체 안에서 하나님을 경험하는 삶을 살아야 합니다. 그분은 우리를 위해 예수님을 보내셨고, 우리의 죄를 용서하시며, 우리의 기도를 들으시고, 삶을 인도하십니다. 또한 전지전능하신 하나님으로 우리의 삶을 완벽하게 계획하시고 이끌어 가십니다.

그러므로 하나님을 믿고 의지하며, 그분의 뜻에 순종하는 삶이야말로 가장 복된 삶입니다. 우리의 미래는 불확실해 보여도, 전지전능하신 하나님께 붙들린 삶은 결코 흔들리지 않습니다. 하나님은 지금도 우리와 함께하시며, 그 손으로 선하고 완전한 길로 인도하십니다.

R7. 마음을 표현해 봅시다.

하나님께
감사의 편지를 써보세요.

4

슬기로운 신앙생활
질문

4. 슬기로운 신앙생활 질문

네 번째 만남(weekend 4)

Q1. 신앙생활을 잘하려면 어떻게 해야 할까요?

"신앙생활을 잘하려면 ____________ 하면 됩니다."

"우리가 보고 들은 바를 너희에게도 전함은 너희로 우리와 □□이 있게 하려 함이니 우리의 사귐은 아버지와 그의 아들 예수 그리스도와 더불어 누림이라"(요한일서 1장 3절)

많은 사람은 신앙생활을 예배드리고, 성경을 읽고, 기도하는 것으로 생각합니다. 물론 맞는 말입니다. 하지만 예배와 성경 읽기, 기도

자체가 신앙생활의 전부는 아닙니다. 그것들은 신앙생활을 더 잘하기 위한 수단일 뿐입니다. 신앙생활이란 한마디로 말해 "하나님과의 사귐"입니다. 하나님과 인격적인 교제를 나누고, 하나님을 알아가며, 그분께서 만드신 내가 어떤 존재인지를 깨달아가는 것입니다.

신앙생활을 하다 보면 자연스럽게 하나님이 나를 만드신 목적대로 살고 싶어지고, 죄를 멀리하고 싶은 마음이 생깁니다. 하나님이 기뻐하시는 것을 하고자 하는 바람이 생기고, 온전하지 않아도 그 바람이 노력과 결단으로 이어집니다. 그래서 점점 하나님의 말씀대로 사랑하고, 인내하며, 용서하는 삶을 살아가게 됩니다.

기독교는 이것을 '성화(聖化)'라고 부릅니다. 성화란 점점 거룩해져 간다는 뜻이며, 단순히 경건해진다는 의미를 넘어, 하나님 앞에서 나의 죄 많음을 더 깊이 깨닫는 과정이기도 합니다. 그래서 진정한 신앙인은 시간이 갈수록 더욱 겸손해집니다. 이러한 신앙의 길을 걸어가기 위해 우리는 예배하고, 성경을 읽고, 기도하는 것입니다.

결국 신앙의 성공은 수행의 양으로 결정되지 않습니다. 관계의 깊이로 측정됩니다. 수단이 목적을 가리지 않도록, 하나님과의 사귐 중심의 리듬을 세우는 것이 신앙생활의 핵심입니다.

Q2. 예배는 무엇이며, 어떻게 드려야 할까요?

1) 예배(禮拜, Worship)란?

"하나님은 영이시니 예배하는 자가 ☐과 ☐☐로 예배할지니라"(요한복음 4장 24절)

예배는 하나님을 높이고 인정하는 행위입니다. 마치 대통령 앞에서 존경과 예의를 다하듯, 천지를 지으신 하나님의 실존 앞에서 그분의 영광과 존귀와 능력을 인정하며 높이는 것입니다. 그래서 우리는 그분께 직접 노래하는 찬양을 드립니다.

가요는 단지 노래를 잘 부르면 되지만, 찬양은 대상이신 하나님께 드리기 때문에 마음과 뜻을 다하여 의미를 새기며 드려야 합니다. 때로는 손을 높이 들고, 때로는 감사하여 박수를 치며, 때로는 하나님의 임재를 인정하며 일어나 찬양하기도 합니다. 악기와 다양한 도구를 사용할 수 있지만, 중요한 것은 형식이 아니라 우리의 중심입니다. 예배는 하나님을 향한 진실한 마음으로 드려야 합니다.

2) 예배드림에 기억해야 할 것

"아버지께 참되게 예배하는 자들은 영과 진리로 예배할 때가 오나니 곧 이 때라 아버지께서는 자기에게 이렇게 예배하는 자들을 찾으시느니라"(요한복음 4장 23절)

(1) 하나님을 □□□로 예배해야 합니다.

성경에는 많은 예배의 지침을 소개합니다. 그중에 우리가 기억해야 할 것은 하나님을 아버지로 예배할 수 있어야 한다는 것입니다. 하나님은 피조물인 인간 위에 군림하여 인간을 마음대로 할 수 있는 폭군이 아니라 우리의 영적 아버지로서 예배 받기를 원하십니다. 존경과 사랑을 담아 진실한 고백으로 드려야 합니다.

(2) □과 □□로 드려야 합니다.

여기서 영과 진리라는 말은 '성령'과 '말씀'이라는 뜻입니다. 예배는 우리 선조들이 했던 것처럼 새벽에 정화수를 떠 놓고 지극정성을 다하여 '비나이다 비나이다' 하는 것이 아닙니다. 물론 정성이 있어야 하지만, 우리의 생각대로 드리는 것이 아닙니다. 예배는 내 생각이 아닌 성령의 감동과 은혜로, 말씀에 기록된 대로, 말씀을 들음으로 내 고집을 내려놓음으로 드리는 것입니다.

(3) 예배는 장소의 문제가 아니라 □□의 문제입니다.

예배는 교회에서만이 아니라 가정, 직장, 학교 등 어디서든 드릴 수 있습니다. 중요한 것은 구별된 마음과 태도입니다. 시간을 구별하고, 수입의 십분의 일을 구별하고, 삶을 구별하여 드려야 합니다. 형식적으로 참여하거나 습관적으로 드리는 것은 참된 예배가 아닙니다. 하나님이 받으시는 예배는 구별과 회개, 진실이 담긴 예배입니다. 그것을 주님은 "예배할 때"라고 말씀하십니다. 예배의 핵심은 받으시는 하나님입니다. 형식의 완성도가 아니라, 구별·회개·진실이 하나님이 받으시는 예배를 만듭니다.

Q3. 성경은 어떤 책이며, 어떻게 알아갈 수 있을까요?

"모든 성경은 하나님의 감동으로 된 것으로 교훈과 책망과 바르게 함과 의로 교육하기에 유익하니, 이는 하나님의 사람으로 온전하게 하며 모든 선한 일을 행할 능력을 갖추게 하려 함이라"(디모데후서 3장 16,17절)

1) 성경은 ☐☐ 된 하나님의 말씀입니다

만약 하나님께서 구원의 진리를 단순히 구전이나 그림으로만 전하셨다면, 수천 년의 세월 속에서 그 의미가 변질하였을 것입니다. 그러나 하나님은 말씀을 기록된 언어로 남기심으로, 변하지 않는 진리를 보존하셨습니다.

성경은 66권으로 구성되어 있습니다. 구약(39권)은 '옛 약속'으로 오실 메시아를 증언하고, 신약(27권)은 '새 약속'으로 오신 메시아 예수 그리스도를 증거합니다. 기록 시기는 약 B.C. 1500년경부터 A.D. 40~100년경까지이며, 저자는 약 40여 명에 달합니다. 그들은 시대와 지역, 언어, 직업과 개성이 모두 달랐지만, 한목소리로 메시아를 통한 구원의 이야기를 전합니다. 수 천년 동안, 수 많은 사람들이 같은 이야기를 기록한다는 것은 불가능한 일입니다. 이는 단순히 인간이 쓴 책이 아니라, 하나님께서 인류를 향해 보내신 구원의 러브 레

터라 할 수 있습니다.

2) 성경의 기능은 교훈과 책망과 바르게 함과 의로 □□하는 것입니다

우리는 성경을 하나님이 우리에게 주신 하나님의 기록된 말씀으로 믿습니다. 그러므로 성경을 읽고 묵상하고 연구하며 암송할 때, 우리는 하나님의 뜻대로 살아갈 수 있습니다. 성경은 우리를 교훈하고, 때로는 잘못된 길을 지적하며 책망하고, 다시 올바른 길로 바르게 세우며, 끝내는 의롭게 살도록 교육합니다. 성경은 단순한 글이 아니라 "살아 있고 운동력이 있는 말씀"(히 4:12)으로, 우리의 생각과 삶을 변화시키는 능력이 있습니다.

3) 성경의 목적은 우리를 하나님의 □□으로 만드는 것입니다

사람은 하나님의 뜻대로 살 때 비로소 의미 있고 복된 삶을 살아갑니다. 우리가 성경을 읽는 이유는 단순한 지식 축적이 아니라, 이 말씀 속에서 하나님의 사람으로 살아가는 길을 배우기 위함입니다. 인간의 본성만으로는 거룩한 삶을 살 수 없지만, 말씀을 삶의 기준으로 삼고 힘써 순종할 때 우리는 점점 성숙하며 성화되어 갑니다. 결국 성경의 최종 목적은 사람을 변화시키는 것입니다. 말씀을 삶에 적용할 때 우리는 하나님의 사람으로 빚어져 가며, 이렇게 빚어진 하나님의 사람은 '하나님의 은혜 없이는 살 수 없다'라는 사실을 고백하는 사람입니다.

Q4. 기도는 무엇이며, 어떻게 해야 할까요?

"아무것도 염려하지 말고 오직 모든 일에 기도와 간구로, 너희 구할 것을 감사함으로 하나님께 아뢰라 그리하면 모든 지각에 뛰어난 하나님의 평강이 그리스도 예수 안에서 너희 마음과 생각을 지키시리라"(빌립보서 4장 6,7절)

1) 기도는 하나님과의 ☐☐ 입니다

기도는 단순한 종교의식이나 의무가 아니라, 하나님과 나누는 인격적인 대화입니다. 마치 어린아이가 엄마에게 모든 일을 말하듯, 두려울 때는 피하고, 기쁠 때는 나누는 것처럼, 기도는 하나님과 나누는 친밀한 교제입니다. 성경 말씀이 하나님이 우리에게 하신 말씀이라면, 기도는 우리가 하나님께 드리는 말입니다. 그래서 기도는 부담스러운 의무가 아니라, 기다려지고 즐거운 시간, 사랑하는 이와의 데이트 같은 시간입니다.

2) 기도에는 다양한 □□이 있습니다

기도는 특정한 형식에 갇히지 않습니다. 조용히 묵상하며 마음으로 드릴 수도 있고, 성도들과 함께 소리 높여 간구할 수도 있습니다. 상황과 마음의 상태에 따라 기도의 모습은 달라질 수 있습니다. 중요한 것은 방법이 아니라 하나님께 드리는 진실한 마음입니다. 기도는 주문이 아니라, 인격적인 대화이기 때문입니다.

3) 성경이 말하는 기도는 반드시 □□이 있는 것입니다

우리의 기도는 허공을 향한 공허한 독백이 아니라, 듣고 계시는 하나님께 드려집니다. 그래서 어떤 기도든 하나님은 들으시고, 반드시 응답하십니다. 응답은 내가 원하는 방식이 아니라, 하나님이 가장 선하게 이루시는 방식으로 주어집니다. 대부분은 하나님의 평강이 우리의 마음과 생각을 지키는 것으로 드러납니다. 기도할 때 우리는 우연이 아니라, 살아 계신 하나님이 실제로 역사하심을 경험하게 됩니다.

4) 기도할 때 주의할 점이 있습니다

"또 기도할 때에 이방인과 같이 중언부언하지 말라 그들은 말을 많이 하여야 들으실 줄 생각하느니라"(마태복음 6장 7절)

기도의 응답은 말의 많고 적음으로 결정되지 않습니다. 주님은 우리가 구하기 전에 이미 우리의 필요를 아십니다. 그러므로 감사가 담긴 기도가 중요합니다. 또한 매일 죄를 회개하는 기도가 필요하며, 경건을 자랑하기 위한 외식적 기도는 삼가야 합니다. 기도는 하나님 앞에서 가장 정직하게 자신을 드러내는 것입니다. 우리의 하소연, 간구, 푸념조차도 하나님은 사랑으로 들으십니다. 결국 기도의 본질은 내 뜻을 관철하는 주문이 아니라, 하나님의 뜻에 동의하고 순종하는 사랑의 응답입니다.

Q5. 왜 교회 공동체가 필요할까요?

"너희는 그리스도의 □ 이요 지체의 각 부분이라"
(고린도전서 12장 27절)

1) 교회는 그리스도의 몸

교회는 성도에게 생명과도 같은 곳입니다. 그 이유는 성경이 교회를 그리스도의 몸이라고 부르기 때문입니다. 머리는 그리스도이시고, 우리는 그분의 몸을 이루는 각 부분들입니다. 그러므로 몸의 지체가 서로 다르다는 것은 지극히 자연스러운 일입니다. 모두가 발이 되고, 모두가 손이 된다면, 그것은 건강한 몸이 아니라 괴물입니다. 각자 역할과 은사가 달라야 몸이 온전히 기능할 수 있는 것입니다.

2) 서로의 다름을 인정

따라서 교회 안에서는 서로의 다름을 인정하며 하나 됨을 연습해야 합니다. 하나님께서는 다양한 은사와 개성을 가진 사람들을 교회에 두셔서, 서로에게 배우고 섬기며 조화를 이루도록 하셨습니다. 교회는 완벽한 사람들이 모인 곳이 아니라, 부족한 사람들이 모여 서로를 세워주는 곳입니다. 그래서 때로는 갈등과 오해가 있을 수 있지만, 그 과정을 통해 우리는 더욱 성숙해지고, 하나님의 사랑을 배우게 됩니다.

3) 교회에서 상처를 받을 때

간혹 교회에서 성도에게 상처를 받아 "나는 이제 교회 나가지 않고 혼자 신앙생활 하겠다."라고 말하는 분들이 있습니다. 그러나 이것은 마치 한겨울에 아궁이에서 불타고 있는 장작 중 하나를 꺼내어 바깥에 내놓는 것과 같습니다. 꺼낸 장작은 처음에는 불꽃이 남아 있어 뜨겁지만, 금세 식어 꺼지고 맙니다. 신앙도 마찬가지입니다. 공동체를 떠난 신앙은 처음에는 괜찮아 보이지만, 점점 식어버리기 쉽습니다.

4) 공동체 안에 있는 것

따라서 우리는 반드시 교회 공동체 안에 있어야 합니다. 그 속에서 주님을 머리로 하는 몸 되기 훈련을 하며 살아가야 합니다. 교회 안에서 함께 예배하고, 함께 섬기고, 함께 눈물 흘리고, 함께 기뻐하는 과정이 바로 신앙 성숙의 길입니다. 이런 시간과 관계를 통해 우리는 점점 더 성숙해지고, 동시에 아직 미성숙한 지체들을 돌보고 품을 수 있는 마음을 얻게 됩니다.

결국 신앙은 개인 경기나 혼자만의 마라톤이 아닙니다. 신앙은 "몸 생활"입니다. 상처가 있더라도 몸 안에 머물러 있을 때 비로소 치유와 성숙이 일어납니다. 교회는 불완전하지만, 그리스도가 머리가 되시는 몸이며, 우리는 그 몸의 소중한 지체입니다. 그러므로 우리는 교회 공동체 안에서 사랑을 배우고, 하나님의 은혜를 경험하며, 점점 그리스도를 닮아갑니다.

Q6. 왜 양육과 훈련이 필요할까요?

1) □□□을 알아가야 하기 때문입니다

"우리가 다 하나님의 아들을 믿는 것과 아는 일에 하나가 되어 온

전한 사람을 이루어 그리스도의 장성한 분량이 충만한 데까지 이르리니"(에베소서 4장 13절)

성도가 말씀을 배우고 익혀야 하는 이유는 단순히 지식 축적이 아니라, 하나님을 믿는 것과 아는 것에 하나가 되어야 하기 때문입니다. 신앙생활은 하나님을 단순히 믿는 데서 멈추지 않고, 하나님을 알아가는 삶입니다. 그 배움의 궁극적 목적은 곧 그리스도를 닮아가는 것입니다. 그러므로 성도는 주일예배 한 번으로 만족할 것이 아니라, 시간을 내어 주중에도 말씀을 배우고 훈련받는 자리에 나아가야 합니다.

교회에서 이루어지는 양육과 훈련은 단순히 인성이나 생활을 다듬는 과정이 아닙니다. 그 본질은 하나님의 말씀을 배우고 삶에 적용하는 시간입니다. 교회의 교육은 크게 '양육'과 '훈련'으로 나뉩니다. 양육은 말씀을 집중적으로 배우고 익히는 시간이요, 훈련은 그 말씀을 실제 삶에 적용하는 연습의 과정을 강조합니다.

2) □□로 살아야 하기 때문입니다

"제자들이 예수께 나아와 이르되 어찌하여 그들에게 비유로 말씀하시나이까 대답하여 이르시되 천국의 비밀을 아는 것이 너희에게는 허락되었으나 그들에게는 아니되었나니"(마태복음 13장 10,11절)

예수님의 삶의 원칙 중 하나는 무리와 제자를 철저히 구별하셨다는 점입니다. 무리는 예수님께 호감을 가지고 따라다니던 군중이었지만, 제자는 예수님과 함께하며 그분의 말씀과 삶을 따르고자 결단한 사람들이었습니다. 예수님은 무리에게는 비유로만 말씀하셨으나, 제자들에게는 그 의미를 친히 풀어주셨습니다. 무리는 모여들면 때로 예수님께서 피하셨지만, 제자들과는 늘 동행하셨습니다. 결국 무리는 예수님을 십자가에 못 박는 장본인이 되었지만, 제자들은 끝까지 예수님을 따르는 사람들이 되었습니다.

오늘 우리도 말씀을 배우지 않으면, 단지 교회를 다니는 무리에 머물 수밖에 없습니다. 그러나 말씀을 배우고 삶에 적용할 때, 우리는 예수님의 제자가 됩니다. 제자가 아닌 그리스도인은 있을 수 없습니다. 그러므로 말씀을 배우고 따름으로, 우리는 그리스도의 제자 된 삶을 연습해야 합니다.

예수 따름은 지식 축적이 아니라 배움과 순종의 길입니다. '교회 다니는 무리'에서 '말씀으로 사는 제자'로 옮겨가는 것이 참된 신앙의 길입니다.

Q7. 전도를 굳이 해야 할까요?

"또 이르시되 너희는 온 천하에 다니며 만민에게 복음을 □□하라"(마가복음 16장 15절)

많은 사람은 전도를 주님의 명령으로만 이해합니다. 물론 전도는 명령이지만, 그보다 먼저 사랑의 문제입니다. 부활하신 주님이 베드로에게 사명을 맡기실 때, 반복해서 물으신 것은 단 하나였습니다.

"네가 나를 사랑하느냐?"

전도는 억지로 해야 하는 일이 아닙니다. 내가 만난 예수님이 너무 귀하고 좋기 때문에, 다른 사람에게도 "당신도 꼭 믿어보라"라고 전하지 않을 수 없는 것입니다. 그래서 전도는 "해야 하는 것"이 아니라 "할 수밖에 없는 것", 신앙의 자연스러운 현상입니다.

성경은 전도를 남을 위한 것이 아니라, 나 자신을 위한 것이라고 가르칩니다. "전도한다고 믿을 사람이 얼마나 될까?" 하는 의심이 들 수 있습니다. 실제로 성경도 전도를 "미련한 것"이라 표현합니다.

"하나님의 지혜에 있어서는 이 세상이 자기 지혜로 하나님을 알지 못하므로, 하나님께서 전도의 미련한 것으로 믿는 자들을 구원하시기를 기뻐하셨도다(고전1:21)."

그러나 하나님의 미련한 것이 사람의 지혜보다 지혜롭습니다. 전도의 한마디 말이 죽어가는 사람을 살리고, 무너진 인생을 회복시키는 역사가 일어납니다. 더 놀라운 것은 전도를 통해 전하는 사람 자신이 먼저 은혜를 경험한다는 사실입니다. 전도하는 과정에서 복음을 더 사랑하게 되고, 잃어버린 감격을 회복하게 됩니다. 그래서 전도는 듣는 사람보다 전하는 사람에게 더 큰 유익을 줍니다.

점검해보기

전도의 동력 ·	· 복음
전도의 내용 ·	· 순종
전도의 방식 ·	· 사랑
전도의 결과 ·	· 하나님께 속함

[암송구절]

"내가 그리스도와 함께 십자가에 못 박혔나니 그런즉 이제는 내가 사는 것이 아니요 오직 내 안에 그리스도께서 사시는 것이라 이제 내가 육체 가운데 사는 것은 나를 사랑하사 나를 위하여 자기 자신을 버리신 하나님의 아들을 믿는 믿음 안에서 사는 것이라"(갈라디아서 2:20)

주중 읽기(weekdays 4)

신앙생활을 잘하려면 여러 가지 중요한 요소들이 필요합니다. 신앙생활의 기초를 다지는 기간에 예배, 성경 공부, 기도, 교인들과의 관계, 양육과 훈련, 전도 등 다양한 면에서 균형 잡힌 접근이 중요합니다.

R1. 예배라는 감격

예배는 신앙생활의 가장 중심에 있는 보배로운 자리입니다. 신앙인은 예배를 통해 하나님과 깊은 교제를 나누고, 흔들림 없는 믿음의 기초를 세워갑니다. 그러므로 예배는 단순한 종교적 의식이 아니라, 살아 계신 하나님을 인격적으로 만나는 거룩한 자리이며, 우리의 삶의 방향을 새롭게 정립하는 순간입니다. 참된 예배 속에서 우리는 영원한 하나님 나라의 맛을 미리 누리게 됩니다. "하나님은 영

이시니 예배하는 자가 영과 진리로 예배할지니라"(요 4:24)

1) 예배의 본질

예배는 단순히 교회에서 정해진 시간에 모여 형식적으로 드리는 절차가 아닙니다. 그 본질은 하나님을 경배하고 찬양하는 데 있습니다. 하나님께서는 외형적인 제사보다 우리의 마음과 중심을 받기를 원하십니다. "나는 인애를 원하고 제사를 원하지 아니하며 번제보다 하나님을 아는 것을 원하노라"(호 6:6)

예배란 우리가 하나님을 사랑하고 존경하며, 그분의 은혜와 자비에 감사하는 마음을 드러내는 고백입니다. 동시에 예배는 하나님과의 만남의 시간입니다. 우리가 예배할 때 성령께서 임재하시며, 그분의 뜻을 깨닫게 하시고, 우리의 영혼을 새롭게 하십니다. 그래서 예배는 언제나 사랑의 고백이자 헌신의 표현입니다. 하나님을 향한 전 존재의 고백이 바로 예배입니다. "두세 사람이 내 이름으로 모인 곳에는 나도 그들 중에 있느니라"(마 18:20)

2) 예배의 종류

예배는 크게 공동체 예배와 개인 예배로 구분할 수 있습니다.

공동체 예배: 주일예배와 같이 성도들이 함께 모여 드리는 예배입니다. 이 시간은 교회가 한 몸을 이루어 하나님께 나아가는 거룩한

사건입니다. 공동체 예배 속에서 성도들은 한마음으로 찬양하고 기도하며 말씀을 듣고, 받은 구원을 기억하고, 지금도 다스리시는 하나님을 경험합니다. 또한 이는 장차 하나님 나라에서 영원히 드리게 될 하늘 예배를 미리 맛보는 시간이기도 합니다. "그들이 사도의 가르침을 받아 서로 교제하며 떡을 떼며 오로지 기도하기를 힘쓰니라"(행 2:42)

개인 예배: 개인이 삶의 자리에서 하나님께 드리는 예배입니다. 성경을 읽고 묵상하며, 기도로 하나님과 대화하고, 일상의 모든 순간 속에서 하나님의 영광을 드러내는 것이 개인 예배입니다. 개인 예배는 신앙인의 내면을 단단히 세우고, 하나님과의 친밀한 교제를 깊게 합니다. 형식이 아닌 중심으로 하나님을 높이고, 삶 속에서 하나님과 동행함을 고백하는 것이 개인 예배의 본질입니다. "주의 율법을 주야로 묵상하는도다"(시 1:2), "그런즉 너희가 먹든지 마시든지 무엇을 하든지 다 하나님의 영광을 위하여 하라"(고전 10:31)

3) 예배의 준비

참된 예배는 준비된 마음에서 시작됩니다.

마음의 정리: 예배 전에 분노, 불안, 염려를 내려놓고, 하나님께 마음을 온전히 드려야 합니다. "아무것도 염려하지 말고 다만 모든 일에 기도와 간구로 너희 구할 것을 감사함으로 하나님께 아뢰라"(빌 4:6)

기도로 준비: 예배에 들어가기 전, 하나님께 지은 죄가 생각나거든 회개의 기도를 드리고, 형제에게 책망들을 일이 떠오르면 우선 하나님께 기도해야 합니다. “오늘 예배에서 무엇을 드릴까?”, “어떤 은혜를 주실까?”라는 질문과 기대로 하나님께 간절히 기도하는 것이 필요합니다. “내가 주의 장막에 거하며 내 날개 그늘 아래에서 피하리이다”(시 61:4)

경건한 태도: 예배 시간에는 하나님께 대한 경외와 존중을 태도로 드러내야 합니다. 집중하고, 산만하지 않으며, 진지한 마음으로 임할 때 예배는 더욱 살아납니다. 하나님은 박제된 호랑이가 아니라 살아계신 분이시기 때문에, 두렵고 떨림으로 준비해야 합니다. “너희는 잠잠하라 내가 하나님 됨을 알지어다”(시 46:10)

준비된 심령 위에 하나님은 은혜로 응답하시며, 우리의 예배를 기쁘게 받으십니다.

4) 예배의 요소

예배는 다양한 요소로 구성되며, 각각은 하나님과 교제하고 우리의 신앙을 세우는 중요한 도구가 됩니다.

찬양: 하나님께 드리는 경배와 감사의 노래입니다. 단순한 음악이 아니라 마음을 담은 신앙 고백이며, 그 속에서 우리는 하나님의 임재를 경험합니다. 찬양이 가요와 다른 이유는 찬양은 그 고백을 듣고 받으시는 대상이 있다는 점입니다. 그래서 가사에 마음을 담아

진실하게 드려야 합니다. 잘 모르는 곡이라도 가사와 멜로디에 마음을 담아 기도하는 심령으로 올려드리면 됩니다. "시와 찬미와 신령한 노래들로 서로 화답하며 너희 마음으로 주께 노래하며 찬송하며"(엡 5:19)

기도: 하나님께 마음을 올려 드리는 대화입니다. 개인의 간구뿐 아니라 공동체의 기도를 통해 하나님의 뜻을 구하고, 교회가 하나 되게 합니다. "항상 기뻐하라 쉬지 말고 기도하라 범사에 감사하라"(살전 5:16-18)

말씀: 설교를 통해 우리는 하나님의 음성을 듣습니다. 말씀은 우리의 삶을 비추는 거울이요, 발을 비추는 등불입니다. 특히 예배적 말씀 선포는 아무 소망이 없는 우리가 살아나는 유일한 방편임을 기억하고, 말씀을 드러낼 때 예배가 성립된다는 사실을 기억해야 합니다. "주의 말씀은 내 발에 등이요 내 길에 빛이니이다"(시 119:105)

헌금: 단순한 물질의 드림이 아니라, "내 삶 전부가 주님이 주신 것"이라는 신앙 고백입니다. 이는 하나님께서 모든 것의 주권자이심을 인정하는 믿음의 행위입니다. 하나님과 물질을 겸하여 섬길 수 없음을 기억함으로 물질을 구별하여 예배되게 하는 것은 하나님의 주권을 인정하는, 지금도 유효한 예배의 방법입니다. "각각 그 마음에 정한 대로 할 것이요 인색함으로나 억지로 하지 말지니 하나님은 즐겨 내는 자를 사랑하시느니라"(고후 9:7)

5) 예배의 영향

예배는 단지 주일 한 번의 종교 행사로 끝나지 않습니다. 참된 예배는 우리의 삶 전체를 변화시킵니다.

영적 성장: 예배 속에서 신앙이 자라며 하나님과의 관계가 깊어집니다. 예배 안에 있는 은혜의 방편들을 통해 우리는 조금씩 영적으로 성숙하게 됩니다. "믿음은 들음에서 나며 들음은 그리스도의 말씀으로 말미암았느니라"(롬 10:17)

순종의 삶: 예배 후에는 들은 말씀을 삶 속에 적용하며, 하나님의 뜻에 순종하려는 결단이 따라야 합니다. 말씀을 들음으로 내 생각을 내려놓고, 하나님의 뜻대로 살기를 다짐합니다. "너희는 말씀을 행하는 자가 되고 듣기만 하여 자신을 속이는 자가 되지 말라"(약 1:22)

영적 회복: 예배는 지친 영혼이 위로와 치유를 얻는 시간입니다. 하나님의 평강이 우리의 마음을 새롭게 하여, 다시금 세상 속에서 믿음으로 살아가게 합니다. "수고하고 무거운 짐 진 자들아 다 내게로 오라 내가 너희를 쉬게 하리라"(마 11:28)

6) 예배의 목표

예배의 최종 목표는 오직 하나님을 영화롭게 하는 것입니다. 인간의 근본된 목적은 하나님을 기쁘시게 하는 것이 아니라 하나님을 기뻐하는 것입니다. 예배는 하나님을 높이고 그분의 영광을 드러내는 자리입니다. 동시에 신앙인의 삶을 굳건히 세우며 하나님과의 관계를 깊게 하고, 하나님을 기뻐하는 자리입니다. “그런즉 너희가 먹든지 마시든지 무엇을 하든지 다 하나님의 영광을 위하여 하라”(고전 10:31)

예배는 교회 안에서의 종교 행위에 그치지 않고, 삶 전체에서 하나님을 인정하고 경배하는 고백으로 이어져야 합니다. 그러므로 예배는 신앙인의 삶을 지탱하는 중심이며, 영적 뿌리를 깊이 내리게 하는 은혜의 통로입니다. 예배도 무너지고, 삶도 무너졌다면, 예배부터 회복해야 합니다. 그러면 삶도 회복됩니다. 삶부터 회복하고 예배를 드리겠다는 다짐은 잘못입니다. 삶의 회복은 예배의 회복으로부터 시작되기 때문입니다.

예배는 감격입니다. 하나님을 만나는 벅찬 기쁨이며, 우리의 영혼을 새롭게 하는 은혜의 시간입니다. 예배하는 자는 단지 의무를 다하는 사람이 아니라, 하나님을 사랑하는 자로서 삶 전체를 산 제사로 드립니다. 이 거룩한 감격을 경험하는 자마다 하나님 나라의 기쁨을 미리 누리며, 세상 속에서도 흔들리지 않는 믿음으로 살아가게 됩니다.

R2. 성경이라는 편지

1) 성경의 저자

성경의 궁극적인 저자는 하나님이십니다. 성경은 단순한 인간의 기록이 아니라, 하나님께서 인간을 통해 주신 말씀입니다. 그러나 하나님은 성령의 감동을 따라 인간 저자들을 사용하셔서 기록하게 하셨습니다. 디모데후서 3장 16절은 "모든 성경은 하나님의 감동으로 된 것"이라고 선언합니다.

성경은 약 40여 명의 다양한 저자들에 의해 기록되었습니다. 그들은 왕, 제사장, 선지자, 어부, 의사, 서기관 등 서로 다른 시대와 배경, 언어와 직업을 가진 사람들이었습니다. 그러나 그들의 기록은 한 가지 주제—곧 하나님의 구속 계획과 예수 그리스도를 통한 구원—를 향해 일관되게 흐릅니다. 예를 들어, 모세는 구약의 첫 다섯 책(모세오경)을 대략 기원전 13세기(출애굽 시대, B.C. 1200~1400년경)에 기록했고, 다윗은 많은 시편을 기원전 10세기경(B.C. 1000년 무렵)에 남겼으며, 바울은 기원후 1세기(A.D. 50년 전후)에 여러 교회에 서신을 썼습니다. 또한 마태, 마가, 누가, 요한은 각각 복음서를 기록했습니다. 서로 다른 시기, 다른 지역, 다른 사람들이 쓴 책이지만, 성경은 마치 한 분 저자가 기록한 것처럼 조화를 이룹니다. 이것이 성경이 하나님의 말씀임을 증거하는 이유 중 하나입니다.

2) 성경의 기록 연대

성경은 약 1,500년에 걸쳐 기록된 책입니다. 구약은 기원전 약 1,400년경 모세가 기록한 창세기부터 시작하여, 기원전 400년경 말라기까지 기록되었습니다. 신약은 주후 1세기 초반부터 90년대 후반까지 기록되었으며, 마지막 책인 요한계시록은 약 주후 95-96년경에 쓰였습니다. 이처럼 오랜 세월 동안, 서로 다른 환경과 언어를 가진 저자들이 기록했음에도 불구하고, 성경은 구원의 한 이야기로 이어집니다. 이는 성경의 배후에 성령께서 일하셨음을 보여주는 증거 중 하나입니다.

3) 왜 성경이 하나님의 말씀인가?

성경은 단순히 오래된 종교 문헌이 아닙니다. 수많은 책 가운데서도 성경이 특별한 이유는 하나님의 말씀이기 때문입니다. 분명한 것은 과학적 증거를 통한 확신이 아니라 믿음을 통한 신뢰를 전제하는 것이 믿음입니다. 우리는 성경이 하나님의 말씀임을 믿는다는 전제로 출발하여, 그것이 사실이라는 것을 확인하는 것이 신앙입니다. 그렇다면 무엇이 성경을 하나님의 말씀이라 확신하게 할까요?

(1) 성령의 감동으로 기록된 책

성경은 사람의 사상이나 종교적 깨달음이 아니라, 하나님께서 성령으로 저자들에게 감동을 주셔서 기록하게 하신 책입니다. 디모데후서 3장 16절은 "모든 성경은 하나님의 감동으로 된 것"이라고 말합니다. 저자들의 필체와 개성은 다르지만, 그 안에 흐르는 메시지는 하나님의 구속 계획이라는 일관된 진리입니다. 이렇게 수천 년, 수십 명에 걸쳐 기록되었는데도, 한 흐름으로 이어진다는 것은 성경이 단순한 인간의 산물이 아님을 보여주는 증거 중 하나입니다.

(2) 예언의 성취

성경이 하나님의 말씀임을 가장 분명히 보여주는 증거 중 하나는 예언의 성취입니다. 구약에 기록된 수많은 메시아에 대한 예언들이 예수 그리스도의 생애 속에서 하나하나 성취되었습니다. 예수님의 탄생 장소(미가 5:2), 고난과 죽음(이사야 53장), 부활(시편 16:10)은 이미 오래전에 기록된 것이며, 역사 속에서 그대로 이루어졌습니다. 인간은 미래를 정확히 알 수 없지만, 하나님은 역사의 주관자이시기에 말씀하신 것을 반드시 이루십니다.

(3) 하나님의 성품과 뜻을 드러냄

성경은 단순히 도덕적 교훈을 담은 책이 아닙니다. 성경은 하나님이 어떤 분이신지를 드러내는 책입니다. 하나님의 거룩, 사랑, 공의, 자비, 인내가 성경의 이야기 속에 그대로 나타납니다. 우리가 성경을 통해 알게 되는 하나님은 추상적 개념이 아니라, 실제로 역사 가운데 개입하시고, 지금도 살아 계셔서 우리 삶을 다스리시는 인격적 하나님이십니다.

(4) 구속사의 일관성

성경은 창세기에서 요한계시록까지 한 흐름으로 이어지는 이야기, 즉 구속사(救贖史)를 담고 있습니다. 구약은 "오실 메시아"를 기다리는 이야기이고, 신약은 "오신 메시아" 예수 그리스도를 증거하는 이야기입니다. 시대와 저자가 달라도 중심 주제는 동일합니다. 이것이 바로 성경이 하나님의 계획과 뜻을 담은 말씀임을 입증하는 강력한 근거입니다.

(5) 성경의 능력과 역사

성경은 단순히 읽는 사람에게 지식만 주는 책이 아닙니다. 성경은 사람의 마음을 변화시키는 살아 있는 말씀입니다. 히브리서 4장 12절은 이렇게 말합니다.

"하나님의 말씀은 살아 있고 활력이 있어 좌우에 날선 어떤 검보다도 예리하여…"

역사를 돌아보면, 성경을 읽고 무너진 인생이 새로워지고, 절망 속에 있던 사람들이 소망을 얻었으며, 심지어 나라와 문명이 변화되기도 했습니다. 수많은 증언과 간증이 성경이 살아 있는 하나님의 말씀임을 증거합니다.

성경이 하나님의 말씀임을 확신할 수 있는 이유는, 성령의 감동으로 기록되었고, 예언이 실제 역사 속에서 성취되었으며, 하나님의 성품과 뜻을 드러내고, 구속사의 흐름을 일관되게 증거하며, 지금도 사람의 삶을 변화시키는 능력을 가진 책이기 때문입니다. 성경은 단순한 고대 문서가 아니라, 지금도 살아서 역사하시는 하나님의 말씀입니다. 그러므로 성경을 읽는다는 것은 곧 하나님의 음성을 듣는 것이며, 그분의 마음과 계획 속으로 들어가는 것입니다. 명심하십시오. 성경이 하나님의 말씀임을 믿는 것으로 출발하여, 확증하는 것입니다. 확증보다 믿음이 먼저입니다.

4) 성경의 구조

성경은 구약과 신약으로 나뉘며, 총 66권으로 구성되어 있습니다.

구약(39권): 하나님과 이스라엘의 언약, 그들의 역사, 율법과 예언자들의 메시지를 담고 있으며, 오실 메시아를 예고합니다.

신약(27권): 예수 그리스도의 생애와 사역, 사도들의 가르침, 초대교회의 역사, 그리고 장차 이루어질 하나님의 나라에 대한 소망을 기록합니다.

구분	권수	세부 분류	해당 책 이름	주요 내용
구약	39권	율법서 (5권)	창세기, 출애굽기, 레위기, 민수기, 신명기	세상 창조, 인간 타락, 족장들의 언약, 출애굽 사건, 율법과 제사 규례, 광야 생활
		역사서 (12권)	여호수아, 사사기, 룻기, 사무엘상·하, 열왕기상·하, 역대상·하, 에스라, 느헤미야, 에스더	가나안 정복, 사사 시대, 왕국의 통일과 분열, 포로와 귀환, 성전 재건
		시가서 (5권)	욥기, 시편, 잠언, 전도서, 아가	고난과 인생 성찰, 찬양과 기도, 지혜와 교훈, 사랑과 신앙의 노래
		예언서 (17권)	(대예언서) 이사야, 예레미야, 예레미야애가, 에스겔, 다니엘 (소예언서) 호세아~말라기	하나님의 심판과 회복, 메시아 도래 예언, 이스라엘과 열방에 대한 말씀
신약	27권	복음서 (4권)	마태복음, 마가복음, 누가복음, 요한복음	예수 그리스도의 탄생, 가르침, 십자가, 부활과 승천
		역사서 (1권)	사도행전	초대 교회의 탄생, 오순절 성령 강림, 사도들의 복음 전파와 선교
		서신서 (21권)	(바울서신 13권) 로마서~빌레몬서 (일반서신 8권) 히브리서, 야고보서, 베드로전·후서, 요한일·이·삼서, 유다서	교리적 가르침, 교회와 성도들을 향한 권면과 교정, 신앙생활의 지침
		예언서 (1권)	요한계시록	종말의 환상, 최후의 심판, 새 하늘과 새 땅, 영원한 하나님 나라

5) 성경의 내용과 목적

성경의 목적은 단순한 도덕적 교훈이나 역사적 사실을 기록하는 것이 아닙니다. 성경은 하나님의 뜻과 구속의 계획을 밝히 드러내는 책입니다. 구약은 하나님과 이스라엘의 관계 속에서 오실 메시아를 예고하고, 신약은 예수 그리스도를 통한 구속의 완성을 선포합니다. 따라서 성경은 인류에게 구원의 길을 제시하는 하나님의 사랑의 편지이며, 우리의 삶의 방향과 의미를 새롭게 해 줍니다.

6) 성경의 불변성과 권위

성경은 시대와 문화를 초월하여 변하지 않는 진리를 담고 있습니다. 마태복음 5장 18절에서 예수님은 "천지가 없어지기 전에는 율법의 1점 1획도 없어지지 아니하리라"라고 말씀하셨습니다. 성경은 하나님의 말씀으로서 최고의 권위를 가지며, 신앙과 삶의 절대 기준입니다. 우리는 성경을 통해 하나님을 알고, 그분이 원하시는 삶을 배우게 됩니다.

7) 성경을 읽는 이유

성경은 구원의 길을 보여줍니다. 예수 그리스도를 믿음으로 영생을 얻는다는 확신은 성경을 통해 주어집니다. 또한 성경은 우리의 삶에 영적인 지침서입니다. 말씀을 읽고 묵상함으로써 우리는 하나님의 뜻을 발견하고, 그분과 더 깊은 관계를 맺을 수 있습니다. 결국 성경은 단순한 종교 서적이 아니라, 하나님의 감동으로 기록된 살아있는 말씀입니다. 성경은 우리를 구원으로 인도하고, 하나님을 더욱 알아가며, 그분의 뜻대로 살도록 이끄는 책입니다.

R3. 기도라는 사귐

기도는 신앙인의 삶에서 결코 빼놓을 수 없는 가장 기본이자 본질입니다. 기도는 단순히 무엇인가를 얻어내기 위한 종교적 주문이 아닙니다. 기도는 살아 계신 하나님과 나누는 대화이며, 인격적인 만남입니다.

우리가 기도할 때 하나님은 우리의 목소리를 들으실 뿐 아니라, 마음의 깊은 곳까지 살피십니다. 기쁠 때는 감사와 찬양으로, 슬플 때는 눈물과 탄식으로, 길을 몰라 방황할 때는 간구로 나아갈 수 있습니다. 기도는 단순히 문제를 해결하기 위한 도구가 아니라, 하나님과 교제하는 자리요, 그분의 뜻에 나를 맞추어 변화되는 시간입니다.

1) 기도의 정의

기도란 하나님께 마음을 숨김없이 드러내는 것입니다. 내가 있는 모습 그대로 나아가 “아버지”라 부르는 순간, 우리는 이미 기도의 자리 안에 있습니다.

사람과의 관계도 대화를 통해 깊어지듯, 하나님과의 관계 역시 기도를 통해 깊어집니다. 눈에 보이지 않는 하나님과 대화한다는 것은 믿음의 신비이지만, 바로 그 신비 속에서 우리의 영혼은 하나님과 연결됩니다. 기도는 그래서 단순한 의무가 아니라, 영혼의 호흡이자 사랑의 교제입니다.

2) 기도의 목적

기도에는 분명한 목적이 있습니다.

하나님과의 관계를 깊이 하기 위해 : 사랑하는 사람과 대화 없이 친밀할 수 없듯, 기도 없이 하나님과 친밀해질 수는 없습니다. 기도를 통해 우리는 하나님의 마음을 배우고, 하나님의 임재 속에서 평안을 누립니다.

하나님의 뜻을 구하기 위해 : 참된 기도는 내 소원을 관철시키는 것이 아니라, 내 뜻을 내려놓고 하나님의 뜻을 발견하는 것입니다. 기도할수록 우리는 "내 뜻이 아니라 아버지의 뜻이 옳습니다"라는 고백에 이르게 됩니다.

응답을 경험하기 위해 : 기도는 하나님이 역사하시는 통로입니다. 때로는 즉각 응답하시고, 때로는 기다리게 하시며, 때로는 더 좋은 것으로 바꾸어 주십니다. 그 모든 과정에서 우리는 하나님이 살아계심을 경험합니다.

영적 성장을 위해 : 기도는 영적 훈련의 장입니다. 기도할수록 우리의 믿음은 성숙하고, 삶의 기준은 말씀에 맞추어집니다.

3) 기도의 종류

성경에는 다양한 기도의 모습이 소개됩니다.

간구의 기도: 우리의 필요를 하나님께 아뢰는 기도입니다.

"구하라 그러면 너희에게 주실 것이요"(마 7:7)

감사의 기도: 이미 받은 은혜를 기억하며 감사드리는 기도입니다.

"감사함으로 너희 구할 것을 하나님께 아뢰라"(빌 4:6)

중보의 기도: 가족과 이웃, 나라와 교회를 위해 드리는 기도입니다. 누군가를 위해 눈물로 드리는 기도는 하나님의 마음을 가장 닮은 기도입니다.

회개의 기도: 죄를 고백하고 용서를 구하는 기도입니다.

"만일 우리가 우리 죄를 자백하면 그는 미쁘시고 의로우사 우리 죄를 사하시며"(요일 1:9)

찬양의 기도: 하나님의 위대하심과 영광을 선포하는 기도입니다.

"감사함으로 그의 문에 들어가며 찬송함으로 그의 궁정에 들어가라"(시 100:4)

기도의 모습은 다르지만, 그 중심에는 언제나 하나님을 향한 진실한 마음이 있습니다.

4) 기도의 방법

기도에는 화려한 형식이 필요하지 않습니다. 하나님은 우리의 진심을 원하십니다.

예수님의 이름으로 기도하기 : 우리는 예수님의 이름으로 하나님께 담대히 나아갈 수 있습니다(요 14:13). 이는 곧 예수님께서 우리의 기도를 책임지신다는 뜻입니다.

겸손한 자세로 : 기도는 교만한 마음이 아니라 겸손한 마음으로 드려야 합니다. 주님은 외식하는 바리새인의 기도를 꾸짖으셨습니다(마 6:6). 중요한 것은 무릎 꿇은 몸보다 낮아진 마음입니다.

어디서나, 언제든지 : 기도는 장소와 시간을 가리지 않습니다. 길을 걸으면서도, 집 안에서 잠시 눈을 감으면서도, 일터에서도 하나님께 나아갈 수 있습니다. 하지만 따로 시간을 구별하여 하나님께만 집중하는 기도 역시 필요합니다.

진실성과 집중으로 : 중언부언이 아니라 단 한 마디라도 진실하게 드리는 기도가 하나님께 상달됩니다(마 6:7). "주여, 나를 불쌍히 여기소서"라는 세리의 짧은 기도는 하나님을 감동시켰습니다.

5) 기도의 응답

하나님은 우리의 기도를 반드시 들으시고 응답하십니다. 다만 그 응답은 우리가 원하는 방식과 다를 수 있습니다.

하나님의 뜻에 맞는 응답 : 때로는 우리가 구한 것보다 더 좋은 것으로 응답하십니다. 하나님의 시간에 주어지는 응답 : 우리는 즉시 응답받기를 원하지만, 하나님은 가장 좋은 때에 이루십니다. 기다림은 믿음을 단련합니다. 믿음으로 드리는 기도 : 믿음이 없는 기도는 껍데기에 불과합니다. 그러나 믿음으로 드리는 기도는 산을 옮기는 능력이 있습니다(막 11:24).

6) 기도의 중요성

기도는 신앙인의 영적 호흡입니다. 호흡이 끊기면 생명이 유지될 수 없듯, 기도가 끊어지면 신앙은 생명력을 잃습니다. 또한 기도는 영적 전쟁의 무기입니다. 에베소서 6장은 성도의 전신갑주와 함께 기도를 강조합니다. 기도할 때 우리는 시험을 이기고, 하나님의 능력으로 담대히 설 수 있습니다. 무엇보다 기도는 하나님과의 친밀한 교제의 열쇠입니다. 기도를 통해 우리는 하나님의 뜻에 순종하는 법을 배우며, 세상 속에서도 흔들리지 않는 믿음을 세워 갑니다.

7) 기도의 예

성경은 우리에게 본받을 기도의 모범을 보여 줍니다.

주님이 가르쳐주신 기도 : 일명 주기도문이라는 것은 예수님께서 친히 가르쳐 주신 기도로, 하나님의 이름이 거룩히 여김을 받으시고, 그의 뜻이 땅에서 이루어지기를 구합니다. 또한 우리의 일용할 양식과 죄 사함, 시험에서의 보호를 간구하는 완전한 기도의 본입니다(마 6:9-13).

겟세마네의 기도 : 예수님은 십자가를 앞두고 땀이 피가 되기까지 기도하셨습니다. "내 뜻대로 마옵시고 아버지의 뜻대로 하옵소서"(마 26:39)라는 고백은 기도의 본질을 보여 줍니다. 참된 기도는 내 뜻을 꺾고 하나님의 뜻을 받아들이는 것입니다.

기도는 단순한 종교 행위가 아닙니다. 기도는 살아 계신 하나님과의 대화이며, 자녀가 아버지께 나아가는 시간입니다. 기도는 신앙인의 특권이자 생명 줄이며, 영적 호흡입니다. 기도를 통해 우리는 하나님을 더 깊이 알게 되고, 그분의 뜻을 배우며, 삶 속에서 하나님의 능력을 경험하게 됩니다. 그러므로 기도는 선택이 아니라 필수입니다. 매일의 삶 속에서, 어떤 상황 속에서도 하나님께 기도로 나아가십시오. 하나님은 우리의 기도를 기뻐 받으시며, 가장 선한 방법으로 응답하시는 신실한 아버지이십니다.

R4. 관계에서 상처 안 받기

교회 공동체 안에서의 관계는 신앙인의 삶에 큰 축복이 될 수 있습니다. 함께 예배하고, 기도하며, 서로를 위해 눈물 흘려 줄 때 우리는 하나님 나라의 기쁨을 맛봅니다. 그러나 동시에 이 관계는 상처의 원인이 되기도 합니다. 가까운 관계일수록 기대가 크고, 사랑하기에 아픔도 크게 다가오기 때문입니다.

그럼에도 불구하고 성경은 우리에게 공동체 안에서 어떻게 사랑하고, 용서하며, 서로를 세워가야 하는지를 분명히 보여줍니다. 하나님의 말씀에 기초한 관계는 상처를 줄이는 것을 넘어, 오히려 은혜와 성숙으로 우리를 이끌어 갑니다. 교회는 상처 없는 사람들의 모임이 아니라, 상처 속에서 사랑을 배우고 용서를 통해 성숙해지는 곳입니다.

1) 교인들과의 관계의 중요성

교회는 단순한 건물이 아니라, 하나님을 예배하고 서로 사랑하며 돕는 신앙 공동체입니다. 그러므로 교인들과의 관계는 신앙생활의 중심입니다. 혼자서는 쉽게 지치지만, 함께라면 다시 일어설 수 있습니다. "혹시 그들이 넘어지면 하나가 그 동무를 붙들어 일으키려니와"(전 4:10)

관계는 단순한 교제가 아닙니다. 서로의 믿음을 북돋우고, 어려움 속에서 함께 서게 하는 은혜의 도구입니다. 신앙의 길은 홀로 걷는 좁은 길이지만, 손을 잡고 걸을 때 그 길은 결코 외롭지 않습니다. 예수님께서도 이렇게 말씀하셨습니다. "서로 사랑하라… 너희가 서로 사랑하면 이로써 모든 사람이 너희가 내 제자인 줄 알리라"(요 13:34-35) 즉, 교회 안의 관계는 단순한 인간관계가 아니라 세상 앞에 우리의 제자 됨을 증명하는 복음의 표지판입니다.

2) 교인들과의 관계에서 중요한 가치들

사랑과 존중 : 사랑은 허물을 드러내는 대신 덮어주는 힘입니다. 존중은 상대의 가치를 인정하는 마음입니다. 교회는 이 두 가지가 기초가 될 때 하나 되고 세워집니다. "사랑은 허다한 허물을 덮느니라"(잠 10:12)

용서와 화해 : 누구나 실수합니다. 그러나 교회의 건강은 갈등이 없는 데 있는 것이 아니라, 용서와 화해를 선택하는 데 있습니다. 우리가 형제를 용서하는 것은 단순한 덕목이 아니라, 그리스도의 용서를 흉내내는 것이요, 그 사람의 잘못을 용서하는 것이 아니라 내가

잃어버린 하나님의 형상을 찾아가는 것입니다. "서로 친절하게 하며… 서로 용서하기를 하나님이 그리스도 안에서 너희를 용서하심과 같이 하라"(엡 4:32)

겸손과 섬김 : 세상은 섬김을 받는 자를 크다 여기지만, 하나님 나라는 반대입니다. 우리를 위해 먼저 섬기신 주님처럼 겸손히 섬길 때 교회는 하늘의 질서를 드러냅니다. "너희 중에 누구든지 으뜸이 되고자 하는 자는 모든 사람의 종이 되어야 하리라"(막 10:44)

3) 서로를 격려하고 세우는 관계

교회는 취향이나 기호로 모인 모임이 아닙니다. 그리스도의 피 값으로 구원받은 지체들의 모임입니다. 그러므로 서로를 격려하고 세워 주는 것은 선택이 아니라 사명입니다. "서로 돌아보아 사랑과 선행을 격려하며… 오직 권하여 그 날이 가까움을 볼수록 더욱 그리하자"(히 10:24-25)

서로의 삶을 위해 기도하고, 기쁨과 아픔을 함께 나누는 것은 교회 공동체를 살리는 호흡입니다. 초대 교회가 물질과 마음을 나누며 하나 되었듯이(행 2:44-45), 우리도 가진 것 중 가장 귀한 것으로 형제를 섬길 때 공동체는 세상 속에서 빛을 발하게 됩니다.

4) 교회에서의 역할과 책임

각 성도는 교회의 몸을 이루는 지체입니다. 손이 발을 무시할 수 없고, 눈이 귀를 대신할 수 없듯, 모든 성도는 하나님이 주신 고유한 사명이 있습니다. "너희는 그리스도의 몸이요 지체의 각 부분이라"(고전 12:27)

교회는 취향에 따라 드나드는 모임이 아니라, 하나님이 묶어 주신 영원한 가족입니다. 가족은 포기하는 대상이 아니라 끝까지 지켜야 할 관계입니다. 예배, 봉사, 전도, 선교는 선택이 아니라 지체로서의 당연한 부르심입니다. 또한 성경은 이렇게 말합니다. "너희가 짐을 서로 지라 그리하여 그리스도의 법을 성취하라"(갈 6:2)

5) 교인들과의 관계에서 나누어야 할 것들

믿음의 나눔 : 말씀으로 받은 은혜, 기도의 응답, 예배 속 감동을 나눌 때 신앙의 불씨는 꺼지지 않고 이어집니다. 소그룹에서 나눌 때, 세상적인 이야기를 나누는 것을 조심해야 합니다.

삶의 나눔 : 기쁨과 슬픔, 고민과 눈물을 함께 나눌 때 관계는 깊어집니다. 그러나 나눔에는 성숙한 분별이 필요합니다. 성숙한 나눔과 반응이 있을 때, 나눔은 상처가 아니라 은혜가 됩니다. 말씀과 삶을 연결하여 나누는 연습이 필요합니다.

"즐거워하는 자들과 함께 즐거워하고 우는 자들과 함께 울라"(롬 12:15)

6) 교회 공동체의 본질적 목표

교회 안의 모든 관계는 하나님의 영광을 드러내야 합니다. 우리가 서로 사랑할 때, 세상은 교회 안에서 예수님의 모습을 보게 됩니다. "너희가 서로 사랑하면 이로써 모든 사람이 너희가 내 제자인 줄 알리라"(요 13:35)

사랑이 충만한 공동체는 그 자체로 세상에 대한 강력한 복음의 메시지가 됩니다. 사랑이 없는 교회는 비난을 받지만, 사랑이 가득한 교회는 설명하지 않아도 세상 속에서 하나님을 증거합니다.

7) 갈등을 은혜로 바꾸는 길

갈등은 교회 안에서도 피할 수 없습니다. 그러나 문제는 갈등 자체가 아니라, 그 갈등을 어떻게 다루느냐입니다. 예수님은 형제가 잘못했을 때 직접 만나 화해할 것을 가르치셨습니다(마 18:15–17). 사도 베드로는 이렇게 권면합니다. "무엇보다도 뜨겁게 서로 사랑할지니 사랑은 허다한 죄를 덮느니라"(벧전 4:8) 갈등을 사랑으로 덮고, 용서와 화해로 풀어낼 때, 교회는 더 성숙한 공동체로 자라납니다.

교회는 완전한 사람들이 모인 곳이 아닙니다. 연약하고 부족한 사람들이 모여 하나님의 은혜를 배우는 곳입니다. 그러므로 참된 교회는 상처 없는 교회가 아니라, 상처 속에서 사랑을 배우고, 용서를 통해 성숙해지는 교회입니다.

"그들이 다 마음을 같이하여 하나님을 찬미하며 또 온 백성에게 칭송을 받으니 주께서 구원받는 사람을 날마다 더하게 하시니라"(행 2:47)

건강한 관계가 세워질 때 교회는 세상 속에서 하나님의 사랑을 드러내는 살아 있는 증거가 됩니다. 하나님은 바로 그런 교회를 통해 이 땅에서 당신의 뜻을 이루어 가십니다.

R5. 양육과 훈련의 보람

신앙은 하루아침에 완성되지 않습니다. 씨앗이 땅에 심겨 햇빛과 비, 바람을 맞으며 자라 열매 맺기까지 시간이 필요하듯, 우리의 믿음도 끊임없는 양육과 훈련을 통해 자라나고 성숙해 갑니다.

에베소서 4장 12-13절은 교회 안에서의 양육과 훈련의 목적을 이렇게 밝힙니다. "이는 성도를 온전하게 하여 봉사의 일을 하게 하며, 그리스도의 몸을 세우려 하심이라. 우리가 다 하나님의 아들을 믿는 것과 아는 일에 하나가 되어 온전한 사람을 이루어 그리스도의 장성한 분량이 충만한 데까지 이르리니."

양육과 훈련은 단순한 지식 전달이나 습관 형성이 아니라, 성도를 그리스도의 장성한 분량까지 자라도록 세워가는 거룩한 과정입니다. 말씀을 배우고 기도와 예배 가운데 하나님께 가까이 나아갈 때 우리는 그분의 뜻을 알게 되고, 삶 속에서 그 뜻을 실천할 수 있는 힘을 얻게 됩니다.

1) 양육과 훈련의 필요성

하나님께서는 우리를 구원하시고, 곧바로 하늘로 부르지 않으셨습니다. 이 땅에서 믿음의 삶을 살도록 남겨 두신 이유는 훈련과 양육을 통해 성숙한 제자로 빚으시기 위함입니다. 믿음은 한순간의 결단으로 시작되지만, 평생의 순종과 훈련으로 다듬어져야 완성됩니다.

히브리서 기자는 이렇게 권면합니다. "때가 오래 되었으므로 너희가 마땅히 선생이 되었을 터인데… 단단한 음식은 장성한 자의 것이니 그들은 지각을 사용함으로 연단을 받아 선악을 분별하는 자들이니라"(히 5:12-14) 즉, 믿음은 멈춰 있으면 퇴보합니다. 끊임없이 배우고 훈련할 때에만 우리는 신앙의 뿌리를 깊게 내리고 열매를 맺을 수 있습니다.

2) 양육과 훈련의 방법

성경 교육 : 신앙의 기초는 언제나 말씀에서 시작됩니다. 성경은 하나님의 호흡으로 기록된 말씀이며, 우리의 길을 비추는 등불입니다(딤후 3:16-17). 말씀 교육은 지식 습득을 넘어서, 삶을 변화시키는 능력의 통로입니다.

기도 훈련 : 기도는 영적 호흡입니다. 기도 없이 살 수 있다고 생각하는 것은 숨 없이 살아가려는 것과 같습니다. 개인 기도뿐 아니라,

함께 모여 드리는 공동체 기도는 신앙을 단단히 세우는 훈련의 장이 됩니다.

봉사와 섬김 : 예수님께서는 "섬김을 받으러 온 것이 아니라 섬기러 왔다"(막 10:45)고 말씀하셨습니다. 봉사와 섬김은 훈련의 결실이며 동시에 또 다른 훈련의 시작입니다. 작은 섬김 하나가 모여 교회를 세우고 세상에 그리스도의 사랑을 드러냅니다.

공동체 훈련 : 신앙은 혼자서 자랄 수 없습니다. 말씀 나눔, 소그룹, 기도회, 삶의 교제 등 공동체 훈련을 통해 서로 격려하고 돌보며 함께 성숙해 갑니다.

리더십 훈련 : 양육과 훈련의 목적은 단순히 내가 성숙해지는 데 그치지 않고, 다른 이를 세우는 리더가 되는 것입니다. 디모데전서 3장은 성숙한 지도자의 자격을 강조하며, 결국 훈련받은 성도가 교회를 세우는 일꾼으로 자라야 함을 보여 줍니다.

3) 양육과 훈련의 과정

초기 양육: 새신자는 구원과 성경의 기초, 예배와 기도의 중요성을 배우며 신앙의 뿌리를 내립니다.

심화 양육: 신앙의 뿌리를 내린 후에는 말씀을 깊이 연구하고 신학적 주제를 배우며, 실제 사역 훈련에 참여합니다.

실천 훈련: 지식에 머물지 않고 삶에서 실천하며 훈련합니다. 일상에서 하나님을 의식하며 말씀을 살아내는 것이 훈련의 완성입니다.

이 과정은 단순히 프로그램의 단계가 아니라, 평생에 걸친 신앙 여정입니다.

4) 양육과 훈련의 목표

영적 성숙: 성도가 하나님의 뜻을 알고 그분을 닮아가는 성숙한 그리스도인이 되는 것입니다.

사역의 준비: 하나님께서 각자에게 맡기신 사명을 감당할 수 있도록 준비하는 것입니다.

교회의 성장과 부흥: 성도의 성숙은 곧 교회의 건강한 성장으로 이어집니다. 모든 지체가 서로를 세우고 복음을 전파할 때 교회는 더욱 강력한 공동체가 됩니다(엡 4:15-16).

5) 양육과 훈련의 지속성

양육과 훈련은 일회성이 아닙니다.

평생 학습: 신앙은 멈추는 순간 후퇴합니다. 말씀 읽기, 기도, 훈련은 평생 이어져야 합니다. 일상에서 시간을 내어 단기 프로그램에 참여하여 말씀을 배우는 노력이 필요합니다.

정기적 훈련: 교회는 성경 공부, 제자훈련, 선교 훈련 등을 통해 성도들이 끊임없이 자라도록 돕습니다. 믿음의 여정에는 완성이 없습니다. 끝까지 배우고, 끝까지 훈련하는 것이 곧 성숙입니다.

6) 양육과 훈련을 위한 자원

말씀 자료와 교재: 성경 읽기 계획, 주제별 교재, 묵상집 등은 성도들이 체계적으로 배우는 데 도움을 줍니다.

멘토링과 동행: 성숙한 신앙인이 멘토가 되어 새신자와 다음 세대를 세워 주는 것은 가장 효과적인 양육의 길입니다. 바울이 디모데를, 엘리야가 엘리사를 세웠던 것처럼, 신앙의 길은 함께 걸을 때 더욱 살아납니다.

양육과 훈련은 선택이 아니라 신앙의 필수 과정입니다. 이 과정을 통해 우리는 하나님을 더 깊이 알고, 성숙한 제자로 자라며, 교회와 세상을 섬기는 일꾼으로 준비됩니다. 하나님은 미완성의 우리를 끝까지 빚으시는 분이십니다. 말씀과 기도로 훈련받을 때, 우리는 그리스도의 장성한 분량에 이르러 영적 어른으로 자라납니다. 그리고 그때, 교회는 세상 속에서 하나님의 사랑과 영광을 드러내는 강력한 공동체가 될 것입니다.

R6. 전도의 기쁨

전도는 단순한 교회의 한 활동이 아닙니다. 그것은 예수님께서 모든 성도에게 주신 지상 명령이자, 동시에 영혼을 향한 사랑의 고백입니다. 마태복음 28장 19-20절에서 주님은 말씀하십니다. "그러므로 너희는 가서 모든 민족을 제자로 삼아 아버지와 아들과 성령의 이름으로 세례를 베풀고, 내가 너희에게 분부한 모든 것을 가르쳐 지키게 하라." 이 명령은 목회자나 선교사만을 향한 부르심이 아닙니다. 모든 신앙인에게 주어진 거룩한 사명입니다. 전도는 하나님께서 모든 사람이 구원받기를 원하시는 뜻(딤전 2:4)을 이루는 길이며, 우리가 세상 속에서 빛과 소금으로 살아가는 방법(마 5:13-16)입니다.

1) 전도의 중요성

전도는 하나님 나라를 확장하는 하나님의 방법입니다. 전도를 통해 잃어버린 영혼이 주님께로 돌아오고, 하나님께서 기뻐하시는 구원의 역사가 일어납니다. 예수님께서 "너희는 세상의 빛이라"(마 5:14)고 말씀하신 것은, 우리가 빛을 숨기지 말고 드러내라는 뜻입니다. 우리가 전하지 않으면 세상은 여전히 어둠 가운데 머뭅니다. 복음을 전하는 순간, 한 영혼의 영원이 바뀌는 하늘의 기적이 일어납니다.

2) 전도의 방법

삶으로 전도하기 : 가장 강력한 전도는 우리의 삶입니다. 사랑하고 용서하고 섬기는 모습이 곧 살아 있는 복음이 됩니다. "너희가 서로 사랑하면 이로써 모든 사람이 너희가 내 제자인 줄 알리라"(요 13:35)

말씀으로 전도하기 : 믿음은 들음에서 나며, 들음은 그리스도의 말씀으로 말미암습니다(롬 10:17). 복음을 명확히 전할 때, 하나님께서 그 말씀을 통해 역사하십니다.

관계를 통한 전도 : 전도는 땅끝에서 시작되지 않습니다. 바로 내 옆의 가족, 친구, 이웃에게서 시작됩니다. 사도행전 1장 8절은 "예루살렘과 온 유대와 사마리아와 땅끝까지"를 말씀하시며, 가까운 곳에서부터 멀리까지 확장되는 전도의 순서를 보여 줍니다.

사랑의 행동으로 전도하기 : 말뿐 아니라 실제적인 섬김이 전도가 됩니다. 배고픈 자에게 빵을 주고, 외로운 자에게 다가가고, 아픈 자를 위로할 때 그들은 그리스도의 사랑을 경험합니다.

전도적 삶 살기 : 전도는 특별한 행사로만 제한되지 않습니다. 매일의 삶 전체가 전도의 무대입니다. "외인에게 대해선 지혜로 행하여 세월을 아끼라. 너희 말을 항상 은혜 가운데서 소금으로 맛을 냄과 같이 하라"(골 4:5-6)

3) 전도에서의 도전과 극복

전도의 길은 언제나 쉽지 않습니다.

두려움과 부끄러움 : 많은 성도가 용기를 내지 못합니다. 그러나 전도는 내 능력이 아니라 복음의 능력에 의지하는 일입니다. "복음은 모든 믿는 자에게 구원을 주시는 하나님의 능력"(롬 1:16)

거절과 무반응 : 때로는 우리가 전한 복음을 거절하는 이들도 있습니다. 그러나 그것은 우리의 실패가 아닙니다. 우리는 씨를 뿌릴 뿐, 자라게 하시는 분은 하나님이십니다(고전 3:6-7).

열매를 기다림 : 전도 열매는 즉시 보이지 않을 수 있습니다. 그러나 한 번 뿌린 복음의 씨앗은 반드시 자라서 하나님의 때에 열매 맺습니다. 우리의 사명은 끝까지 믿음으로 뿌리고 기다리는 것입니다.

4) 전도의 열매

영혼 구원의 기쁨 : 한 영혼이 회개할 때 하늘에서 기쁨이 일어난다고 예수님은 말씀하셨습니다(눅 15:7). 전도의 기쁨은 단순한 성취

감이 아니라 천국의 기쁨에 동참하는 사건입니다.

교회의 성장과 확장 : 전도를 통해 교회는 날마다 새 힘을 얻습니다. 사도행전 2장 47절은 초대 교회가 "주께서 구원받는 사람을 날마다 더하게 하셨다"라고 기록합니다. 전도는 교회를 세우는 하나님의 방법입니다.

제자 삼는 사역 : 전도는 단순히 교회에 사람을 데려오는 것으로 끝나지 않습니다. 복음을 들은 자가 그리스도의 제자로 자라도록 돕는 것이 전도의 완성입니다(마 28:19).

5) 전도의 삶을 살기 위한 준비

기도로 준비하기 : 전도는 기도로 시작해야 합니다. 바울도 "내가 복음의 비밀을 담대히 전할 수 있도록 기도해 달라"(엡 6:19-20)고 요청했습니다. 전도대상과 기회를 위해 먼저 무릎을 꿇어야 합니다.

말씀으로 준비하기 : 전도자는 복음을 분명히 알아야 합니다. 말씀 속에 뿌리내릴 때 흔들림 없이 복음을 선포할 수 있습니다.

사랑으로 준비하기 : 전도는 강요가 아니라 사랑으로 다가가는 일입니다. 마음을 열고, 상대를 이해하며, 진심으로 섬길 때 복음은 자연스럽게 흘러갑니다.

전도는 단순한 프로그램이 아니라, 그리스도인의 정체성입니다. 전도는 명령이기 이전에 사랑의 고백이며, 하나님 나라가 확장되는 놀라운 통로입니다. 때로는 힘들고 거절당하기도 하지만, 우리가 전하는 복음은 결코 헛되지 않습니다.

하나님은 우리가 전한 씨앗을 사용하셔서 반드시 열매를 맺으십니다. 그 열매는 영혼의 구원이요, 교회의 부흥이며, 하나님의 영광입니다. "발이 아름답도다 좋은 소식을 전하는 자들의 발이여"(롬 10:15) 전도의 길은 결코 헛되지 않습니다. 그 길 끝에는 영혼 구원의 기쁨, 천국의 환희, 하나님의 영광이 기다리고 있습니다.

R7.

다짐해 봅시다.

슬기로운 교회 생활을 위한
다짐을 적어보세요

5강

교회생활을 위한 질문

5. 교회 생활을 위한 질문

다섯 번째 만남(weekend 5)

Q1. 교회는 어떤 곳일까요?

1) 교회는 주님이 [ ][ ] 세우신 곳입니다

"또 내가 네게 이르노니 너는 베드로라 내가 이 반석 위에 내 교회를 세우리니 음부의 권세가 이기지 못하리라"(마태복음 16장 18절)

예수님께서는 제자 베드로가 "주는 그리스도시오 살아 계신 하나님의 아들이십니다"라고 고백했을 때, 그 고백 위에 교회를 세우시겠다고 선언하셨습니다. 여기서 "이 반석"은 베드로의 신앙 고백을 의미합니다. 동시에, 고백을 드린 베드로라는 존재 자체와도 연결되어 있습니다. 왜냐하면 존재와 고백은 분리될 수 없기 때문입니다. 즉, 주님께서는 분명한 신앙 고백을 가진 사람들, 그리고 그 고백 위에 교회를 세우신다는 것입니다.

교회는 완전하지 않습니다. 넘어지기도 하고, 실수하기도 합니다. 그러나 중요한 사실은, 이 교회가 주님의 교회이기에 그 누구도, 어떤 권세도 무너뜨릴 수 없다는 것입니다. 예수님의 말씀대로, "음부의 권세가 이기지 못한다"라는 약속이 교회에 주어져 있습니다. 따라서 교회는 세상의 공격에도 흔들리지 않는, 하나님의 견고한 터 위에 세워진 믿음의 공동체입니다.

2) 교회는 예수님의 [ ] 입니다

"그는 몸인 교회의 머리시라 그가 근본이시요 죽은 자들 가운데서

먼저 나신 이시니 이는 친히 만물의 으뜸이 되려 하심이요"(골로새서 1장 18절)

교회는 단순한 모임이 아니라 예수님의 몸입니다. 우리는 그 몸의 지체이며, 머리는 오직 예수 그리스도이십니다. 교회는 사람이 만든 조직체가 아니라, 주님께 붙어 있는 살아 있는 유기체입니다. 교회의 본체는 하늘에 있고, 이 땅의 교회는 그 실체를 따라가는 그림자와 같습니다(히8:5)[7]. 그러므로 어떤 핍박에도 교회는 무너지지 않습니다.

교회가 주님의 몸이라는 말에는 두 가지 의미가 있습니다. 첫째, 서로 다름을 인정하며 하나 됨을 힘써야 합니다. 둘째, 교회는 머리이신 주님께 순종해야 합니다. 결국 교회는 사람의 작품이 아니라 그리스도의 작품이며, 기준은 언제나 말씀에 대한 순종입니다.

Q2. 성경이 말하는 교회의 본질은 뭘까요?

1) □□으로 가르침 받는 곳입니다

"그들이 사도의 가르침을 받아 서로 교제하고 떡을 떼며 오로지 기도하기를 힘쓰니라"(사도행전 2장 42절)

교회의 가장 우선적인 모습은 사도들의 가르침을 받는 것, 곧 하나님의 말씀을 배우는 것입니다. 그래서 기독교를 흔히 말씀의 종교라 부릅니다. 교회 된 우리는 날마다 말씀을 통해 하나님을 알고, 인간의 본질을 깨닫고, 교회의 사명과 인생의 목적을 발견하게 됩니다.

2) 함께 교제하며 서로의 필요를 ☐☐는 곳입니다

"믿는 사람이 다 함께 있어 모든 물건을 서로 통용하고 또 재산과 소유를 팔아 각 사람의 필요를 따라 나눠 주며"(사도행전 2장 44,45절)

교회됨의 두 번째 표지는 성도 간의 교제입니다. 성경이 말하는 '교제(코이노니아)'는 단순히 친목을 나누는 것이 아니라, 성부·성자·성령 하나님의 하나 됨을 본받는 것입니다. 삼위 하나님이 하나이신 것처럼, 성도도 서로 연합하여 하나 되어 가는 것이 교회가 지향하는 교제입니다.

이 교제는 말이나 감정의 나눔을 넘어서, 나의 절대적인 가치를 상대적인 가치로 내려놓는 삶을 포함합니다. 그래서 가장 소중한 물질조차도 기꺼이 사용하여, 각 사람의 필요를 돌보는 모습이 교회의 특징입니다. 가장 소중한 것으로 형제의 필요를 돌보는 것은 가장 소중한 아들로 우리의 구원을 돌보신 하나님을 흉내내는 것입니다. 이것이 코이노니아입니다.

3) 부지런히 교회와 가정에 모여 □□ 되는 곳입니다

"날마다 마음을 같이하여 성전에 모이기를 힘쓰고 집에서 떡을 떼며 기쁨과 순전한 마음으로 음식을 먹고"(사도행전 2장 46절)

교회 됨은 부지런히 모이기를 힘쓰는 모습입니다. 모여서 함께 노는 것이 아니라 떡을 떼며 기쁨과 순전한 마음으로 음식을 먹는다는 말은 성찬식을 의미합니다. 성찬식은 예수님이 우리의 구원을 위해 주신 당신의 몸과 피를 나누는 것입니다. 가장 실제적인 음식을 통해 가장 영적인 예수 그리스도를 서로 떼어 나누는 것입니다. 그래서 하나 됨을 기억하는 것이고, 우리에게 주신 구원을 기억하는 것이고, 우리 구원을 위해 얼마만큼의 대가를 치르셨는지를 기억하며 감사하는 것입니다.

4) 하나님을 □□ 하며 다른 이들에게 칭찬 듣는 곳입니다.

"하나님을 찬미하며 또 온 백성에게 칭송을 받으니 주께서 구원 받는 사람을 날마다 더하게 하시니라"(사도행전 2장 47절)

교회됨은 예배를 통해 하나님을 높이는 것입니다. 진정으로 회심한 성도는 하나님을 예배하고 싶고, 그분의 이름을 높이고 싶어집니다. 교회가 말씀을 배우고, 서로 교제하며, 성찬을 통해 그리스도를 나누고, 온 마음으로 하나님을 예배할 때, 세상은 그 교회를 바라보며 존중과 칭찬을 보내게 됩니다. 그 결과 하나님께서는 구원받는 사람을 날마다 더해 주십니다.

여기서 중요한 점은, 교회의 목적은 사람을 많이 모으는 것이 아니라 진정한 교회다움에 있다는 사실입니다. 수적 성장은 목표가 아니라 결과입니다. 교회의 본질(말씀, 교제, 성례, 예배)이 살아 있을 때, 성령 안에서 생명은 자연스럽게 자라게 됩니다.

Q3. 어떻게 건강한 교회를 분별할까요?

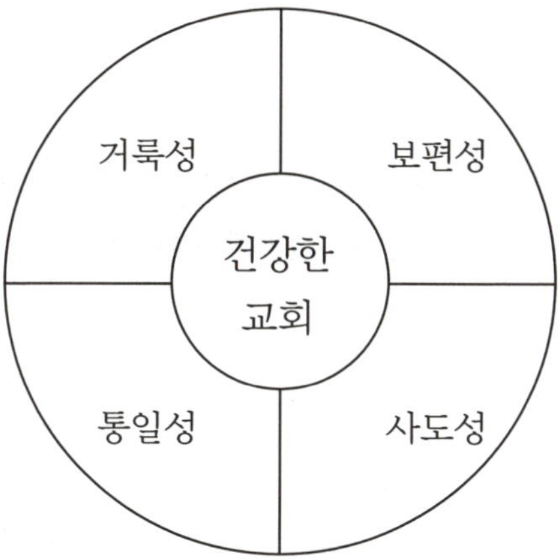

1) □□□(Holiness)

교회는 주 예수 그리스도를 구주로 고백하는 분명한 신앙 고백 위에 서 있습니다. 또한 세상 속에서 구별된 공동체로 살아가야 할 정체성과 사명을 지니고 있습니다. 교회의 거룩성은 외적인 형식이 아니라, 주님을 향한 고백과 세상에서 구별된 삶으로 드러납니다.

2) □□□(Catholicity)

참된 교회는 특정 시대나 민족, 지역에 한정되지 않습니다. 어느 곳에서든 동일하게 그리스도를 주님으로 고백하는 공동체라면 그것이 바로 교회입니다. 규모와 조건이 중요한 것이 아니라, 두세 사람이 모여 예수 그리스도를 주로 고백한다면 시공간을 초월해 참된 교회가 됩니다.

3) □□□(Unity)

교회는 하나입니다. 머리 되신 예수 그리스도를 중심으로, 우리는 그분의 몸을 이루는 지체로서 하나 된 고백과 연합을 지향합니다. 다양성과 다름 속에서도 하나 됨을 이루어 가는 것이 교회의 중요한 표지입니다.

4) □□□(Apostolicity)

교회는 세상 가운데서 불러내심을 받은 자들의 모임(call out)입니다. 동시에 말씀과 기도로 훈련받아 성숙해 가야 하는 공동체(call up)입니다. 그리고 다시 세상으로 파송되어 복음을 전하는 사명을 가진 곳(call in)입니다. 교회는 이 사도적 사명을 통해 존재 목적을 드러냅니다. 결국 교회의 건강성은 화려한 프로그램이나 조직의 규모에 있지 않습니다. 복음의 순수성과 보냄 받은 정체성 위에 선 교회가 진정으로 건강한 교회입니다. 건강성은 복음의 순수성과 보냄 받은 정체성으로 측정됩니다.

Q4. 교회 생활에 염려되는 부분이 있나요?

1) 사람들과 교제하는 것이 부담스럽습니다

교회는 같은 신앙을 가진 사람들이 모인 곳이지만, 서로 다른 배경과 성향을 가진 이들이 함께하다 보니 부담이 될 수 있습니다. 그러나 주님은 "성령이 하나 되게 하신 것을 힘써 지키라"라고 명령하셨습니다. 때로는 교제 가운데 상처도 받고 아픔도 겪지만, 그 과정을 통해 우리는 더욱 성숙해집니다. 말씀과 기도로 자라난 사람은 다른 이들을 돌보는 사람이 되며, 사람을 의지하기보다 하나님을 바라보는 순결한 신앙으로 세워집니다. 혼자서는 쉽게 시험에 들 수 있으므로, 함께하는 신앙이 반드시 필요합니다. 교제는 부담이 아니라 성숙으로 가는 길입니다.

2) 교회의 예배 분위기와 문화가 저와 맞지 않습니다

처음 교회를 나오거나 새로운 교회에 정착할 때, 예배 분위기와 문화가 낯설게 느껴지는 것은 당연합니다. 그러나 이것은 문제가 아니라 적응해야 할 과제일 뿐입니다. 예배의 본질이 무엇인지에 집중하고, 은혜 받은 성도들의 모습을 함께 바라보며 시간을 보내다 보면 마음이 열리고, 점차 새로운 문화를 받아들일 수 있게 됩니다. 어린 아이에서 장성한 어른으로 자라듯, 교회 생활에도 시간이 필요합니다. 낯섦은 문제가 아니라 적응의 과정입니다.

3) 아는 사람이 없어서 불편합니다

공동체에 적응할 때 기존 교인들의 환대도 필요하지만, 나의 작은 다짐도 중요합니다. 먼저 다가가 인사하고 웃어보세요. 생각보다 많은 이들이 같은 마음으로 낯설어할 수 있습니다. "다름은 틀림이 아니다"라는 마음으로 용기를 내서 한 발 더 다가가면, 곧 똑같이 용기를 내서 응답하는 사람들이 있을 것입니다. 혹시 아무도 다가오지 않는다면, 내가 먼저 그런 사람이 되어줄 수도 있습니다. 작은 용기가 교제의 문을 엽니다.

4) 교인들 사이에서 상처받고 시험 들까 두렵습니다

교회 생활에서 깊이 마음을 열다 보면 상처받는 경우가 생길 수 있습니다. 모든 사람이 같은 성숙의 수준에 있는 것은 아니기 때문입니다. 그래서 모든 교인과 깊은 나눔을 하기보다, 하나님이 허락하신 영적인 지체들과 함께 나누는 것이 필요합니다. 믿을 만한 선배, 동료, 소그룹 안에서 진정한 동역자를 만나게 될 것입니다. 나의 연약함은 그들에게 나누어 도움을 받고, 또 나보다 연약한 자는 내가 도울 수 있습니다. 하나님께 기도하세요. 그러면 교회 생활 속에서 누리는 기쁨과 사랑은 훨씬 더 풍성해질 것입니다. 상처의 두려움은 진정한 영적 지체를 통해 극복됩니다.

Q5. 우리 교회를 어떻게 이해하고 동참할 수 있을까요?

다섯 축으로 우리 교회를 알아가 보세요. 교회 이해는 참여를 낳습니다. 구조와 철학을 알수록 교회를 사랑하게 됩니다.

1) 철학·비전: 하나님·도시·다음 세대를 향한 부르심이 있습니다.
2) 예배·모임: 주일예배–주중집회의 리듬을 따라 참여할 수 있습니다.

3) 시설·조직: 공간은 사명 수행의 도구입니다.

4) 소그룹·양육: 말씀과 삶이 만나는 현장에서 성숙할 수 있습니다.

5) 다음 세대·사명: 세대를 잇는 위탁과 파송이 사명입니다.

Q6. 교회 멤버십은 왜 필요할까요?

교회 정식 멤버십은 고백과 하나 됨의 약속입니다. 멤버십은 하나님께서 주셔서 누리는 특권도 있지만, 공동체원으로서 감당해야 하는 책임도 있습니다. 그러나 새로운 공동체에 동참하는 것은 언제나 은혜의 수혜자 자리에서 시작하세요.

1) 예배의 감격과 은혜를 누리고 나눕니다.

2) 소그룹에 함께하셔서 양육하고 양육 받는 기쁨을 누립니다.

3) 각종 사역과 봉사에 동참하셔서 함께 지역사회를 섬깁니다.

4) 신앙의 고백으로서의 십일조와 예물을 드립니다.

5) 어려운 성도들과 세상을 돕는 일에 동참합니다.

6) 복음을 전하는 일에 함께 할 수 있습니다.

7) 그 외에 어떤 것이 있을까요?

Q7. 어떻게 행복한 교회 생활을 할 수 있을까요?

멤버십으로 동의가 되는 부분에 체크해 보세요.

- ☐ 일찍 오셔서 성도들과 교제하시고, 10분 전에는 기도로 예배를 준비하겠습니다.
- ☐ 소그룹에 참여하셔서 말씀과 삶을 나누어 보겠습니다.
- ☐ 먼저 은혜의 평가자가 아니라 은혜의 수혜자가 되겠습니다.
- ☐ 여력이 될 때, 꼭 하나 이상의 사역에 지원해서 섬기겠습니다.
- ☐ 시간을 정하셔서 성도들과 함께 기도하는 기쁨을 누리겠습니다.
- ☐ 도움이 필요한 사람들이 눈에 보이면, 적극적으로 돕겠습니다(재정 후원, 카풀, 중보기도, 상담 등).
- ☐ 문제가 보이면 입을 닫고 하나님께 기도함으로 하나님께 아뢰겠습니다.
- ☐ 지상에는 온전한 교회가 없음을 기억하고 건강한 교회가 되도록 돕겠습니다.
- ☐ 교역자들과 수고하는 섬김이들을 응원하겠습니다.
- ☐ 받은 은혜와 교회에 대한 자랑거리를 지인들에게 나누어 보겠습니다.
- ☐ 말씀과 기도, 성례(세례와 성찬)는 은혜의 방편임을 알고, 소중히 여기겠습니다.
- ☐ 내게 주신 은혜와 사랑을 믿지 않는 지인들에게 나누겠습니다.
- ☐ 다른 것보다 우선 감사하는 습관을 들이겠습니다.
- ☐ 모르는 사람에게 먼저 다가가셔서 인사해 보겠습니다.

행복의 비밀은 태도와 리듬입니다. 받기보다 주기가 기쁨을 증폭시킵니다. 작은 습관이 큰 기쁨을 만듭니다. 감사-섬김-나눔의 리듬이 행복의 길입니다.

멤버십 다짐하기

서약서

나는 분명한 신앙 고백과 마음의 다짐으로

사랑하는 공동체의 멤버십이 되기를 소원합니다.

언제나 주시는 은혜의 평가자가 아니라 수혜자로 서며,

교회의 비전과 철학에 마음을 다해 함께하며,

정회원으로서의 권리와 의무를 성실히 이행하고,

보냄받은 자의 감사함으로 모이고,

배우고, 흩어지기를 힘쓸 것을,

내 구주 예수의 이름으로 서약합니다.

________ 년 ____ 월 ____ 일

이름 : __________________서명

[암송구절]

"모이기를 폐하는 어떤 사람들의 습관과 같이 하지 말고 오직 권하여 그 날이 가까움을 볼수록 더욱 그리하자"(히브리서 10:25)

R1. 교회는 이런 곳입니다.

1) 하나님의 백성 공동체

교회는 하나님을 믿는 사람들이 이루는 영적인 공동체입니다. 교회는 건물이나 시설을 가리키지 않습니다. 오히려 하나님을 믿는 이들이 모여 하나님의 뜻을 함께 배우고 실천하며, 그 뜻을 역사 속에서 이루어 가는 거룩한 모임입니다. 신자들은 예수 그리스도를 주로 고백하고, 그분 안에서 서로 교제하며, 말씀을 배우고 삶 속에 적용하는 공동체를 이룹니다. 그러므로 교회는 하나님을 예배하고, 하나님의 말씀을 배우며, 서로 사랑과 격려를 나누는 자리입니다.

주께서 "두세 사람이 내 이름으로 모인 곳에 나도 그들 중에 있느니라"(마 18:20) 하신 말씀은 교회가 그리스도의 이름에 의지하여 모이는 공동체라는 뜻입니다. 그 모임 한가운데 하나님이 친히 임재하신다는 사실을 분명히 보여줍니다.

2) 하나님의 뜻을 이루는 사명 공동체

교회는 단지 신앙생활을 유지하는 곳이 아니라, 하나님 나라의 뜻을 이 땅에서 실현하는 사명을 감당하는 공동체입니다. 주 예수께서 제자들에게 명하셨듯이, 교회는 세상 사람들에게 복음을 전하며 예수 그리스도의 제자로 세우는 일에 부름을 받았습니다.

그러므로 교회는 전도와 선교로 하나님 나라를 확장하고, 하나님이 기뻐하시는 '사람 살리고, 제자 세우는 일'을 위해 땀 흘려 수고합니다. 교회의 핵심 사명은 복음을 선포하여 구원의 역사를 이루고, 그리스도의 제자를 세우는 데 있습니다.

3) 사랑과 섬김의 공동체

교회는 사랑과 섬김이 실재하는 공동체입니다. 주님은 "네 이웃을 네 자신과 같이 사랑하라"(롬 13:9)고 하셨습니다. 교회는 서로 사랑하고 격려하며 도우며, 하나님께서 부어 주신 사랑을 일상의 구체적 실천으로 나누는 곳입니다.

또한 교회는 교제를 통해 영적 성장을 돕고, 삶의 어려움을 함께 나누며, 위로와 지원을 아끼지 않는 공동체입니다. 교회의 중심은 사랑이며, 서로를 섬기고 곤고한 이웃을 돌보는 일은 교회의 본질적 사명입니다. 사랑은 교회의 표지이자 세상을 향한 강력한 증거입니다. 모든 교회가 부족하지만, 방향이 틀려서는 안 됩니다.

4) 영적 성장의 장

교회는 신자들이 영적으로 성장하고 신앙을 깊게 하는 장(場)입니다. 교회는 성경을 바르게 가르치며, 예배를 통해 하나님과의 관계를 회복하게 하고, 기도와 말씀으로 신앙을 성숙하게 합니다. 초대 교회는 "사도의 가르침을 받아 서로 교제하고 떡을 떼며 기도하기를 전혀 힘썼다"(행 2:42)고 증언합니다. 이는 교회가 신앙 성장의 중심이어야 함을 보여 줍니다. 교회는 성경 공부와 기도 모임, 다양한 사역 훈련을 통해 성도들이 하나님과 더 깊이 동행하도록 돕고, 흔들리지 않는 믿음으로 세워지도록 이끕니다.

교회는 하나님의 백성이 모여 하나님의 뜻을 이루는 사명 공동체이며, 사랑과 섬김이 살아 있는 공동체요, 하나님의 임재가 거하시는 성전입니다. 또한 성도들이 영적으로 성장하여 삶의 전 영역에서 하나님의 뜻을 실현하도록 돕는 중요한 장소입니다. 교회는 하나님을 예배하는 공동체이자, 하나님과의 관계를 깊게 하고, 서로 사랑하며 복음을 전하는 사명의 공동체입니다.

R2. 성경이 말하는 교회의 정체성

1) 하나님의 성전으로서의 교회

교회는 하나님의 성전입니다. 단순히 사람들이 모인 곳이 아닙니다. 하나님의 임재가 거하시는 거룩한 자리입니다. 사도 바울은 "너희는 하나님의 성전이라"(고전 3:16)라고 말합니다. 교회는 하나님께서 임재하시고, 성도들이 예배하며 교제하는 곳입니다. 에베소서 2장 21-22절은 교회가 "그리스도 안에서 서로 연결되어 성전이 된다"고 증언합니다. 교회는 그리스도를 중심으로 모일 때 참된 성전이 됩니다. 이곳에서 성도들은 하나님과 깊은 관계를 맺습니다.

2) 그리스도의 몸으로서의 교회

교회는 그리스도의 몸입니다. 고린도전서 12장 27절은 "너희는 그리스도의 몸이요 지체들이다"라고 말합니다. 교회는 그리스도의 몸을 이루는 다양한 지체들의 모임입니다. 지체마다 역할은 다릅니다.

그러나 모두가 하나의 목표를 향해 협력해야 합니다. 에베소서 4장 15-16절은 교회가 사랑 안에서 함께 자라감을 강조합니다. 교회의 각 지체는 서로를 섬기며 돕습니다. 그렇게 교회는 하나 되어 성장합니다.

3) 사도적 가르침과 교제의 공동체

교회는 사도적 가르침과 교제를 중심으로 합니다. 사도행전 2장 42절은 초대 교회가 "사도의 가르침을 받고, 교제하며, 떡을 떼고, 기도했다"라고 전합니다. 교회는 말씀을 배우고 실천하는 공동체입니다. 교제 또한 교회의 본질입니다. 성도들은 서로를 격려하고, 기도하며, 삶을 나눕니다. 히브리서 10장 24-25절은 "서로 돌아보아 사랑과 선한 일을 격려하라"라고 명합니다. 교회는 상호 격려로 세워집니다.

4) 소금과 빛으로서의 교회

교회는 세상의 소금과 빛입니다. 예수님은 제자들에게 "너희는 세상의 소금이요 빛이다"(마 5:13-16)라고 말씀하셨습니다. 교회는 세상에 하나님의 사랑과 진리를 비추어야 합니다. 교회는 세상 속에서 도덕적 기준을 세웁니다. 하나님의 가치를 실천하며 세상이 죄악으로 썩지 않도록, 하나님의 말씀이 변질되지 않도록 방부제 역할을

해야 합니다. 교회의 존재 자체가 희망을 전하는 증거가 되어야 합니다.

5) 성령의 사역을 실천하는 공동체

교회는 성령의 사역을 실천하는 공동체입니다. 로마서 8장 14절은 "하나님의 영으로 인도받는 사람은 하나님의 자녀"라고 말합니다. 교회는 성령의 인도와 능력을 따라야 합니다. 성령은 다양한 은사를 교회에 주십니다. 고린도전서 12장 4-11절은 은사가 교회를 세우고 섬기는 도구임을 설명합니다. 성도들은 성령의 은사를 나누어 쓰며 하나님의 뜻을 이루어야 합니다.

6) 구원의 역사와 교회의 사명

교회는 구원의 역사를 이루는 공동체입니다. 예수님은 제자들에게 "너희는 온 천하에 다니며 만민에게 복음을 전파하라."(막 16:15)고 명하셨습니다. 전도와 제자 양육이 교회의 본질적 사명입니다. 교회는 복음을 전하여 새로운 제자를 세웁니다. 교회의 목표는 사람들이 예수 그리스도를 통해 구원을 얻는 것입니다. 그러므로 교회는 전도와 선교의 사명을 다해야 합니다.

성경은 교회를 여섯 가지 모습으로 묘사합니다. 교회는 하나님의 성전입니다. 또한 그리스도의 몸입니다. 사도적 가르침과 교제를 실천하는 공동체입니다. 세상의 소금과 빛입니다. 성령의 사역을 감당하는 공동체입니다. 그리고 구원의 역사를 이어가는 공동체입니다. 교회는 신자들이 예배하고, 서로 사랑하며, 세상에 복음을 전하는 사명을 감당합니다. 각 지체가 협력할 때 교회는 성장하며, 하나님의 뜻을 세상 속에 드러냅니다.

R3. 건강한 교회의 지표

1) 교회의 중심은 예수 그리스도와 복음

건강한 교회는 언제나 예수 그리스도와 그분의 복음을 중심에 둡니다. 교회의 모든 활동은 복음에서 시작되고, 복음으로 이어지며, 복음을 증거하는 것으로 마무리됩니다. 예배와 교제, 교육과 전도, 봉사와 선교까지 그 근거는 오직 복음입니다. 사도 바울은 "내가 너희 중에서 예수 그리스도와 그가 십자가에 못 박히신 것 외에는 아무것도 알지 아니하기로 작정하였다"(고전 2:2)고 고백했습니다. 교회는 그 고백 위에 서야 합니다.

건강한 교회는 성경의 말씀을 정확히 가르칩니다. 신자들에게 복음을 바르게 전합니다. 그리고 성도들을 그리스도를 따르는 제자로 이끌어 갑니다. 구원의 은혜, 하나님과의 화목, 그리고 새 삶의 중요성이 교회의 중심 메시지로 선포되어야 합니다. 십자가 복음이 희미해질 때, 교회는 이미 건강을 잃은 것입니다.

2) 신자들의 영적 성장과 제자 훈련

건강한 교회는 신자들이 영적으로 성장하도록 돕습니다. 단순히 모이는 모임이 아니라, 제자로서 훈련받는 장입니다. 신자들이 성경을 배우고, 기도하며, 삶 속에서 말씀을 실천할 수 있도록 훈련합니다. 에베소서 4장 11-13절은 하나님께서 교회 안에 다양한 직분을 주신 이유가 "성도를 온전하게 하여 봉사의 일을 하게 하며 그리스도의 몸을 세우려 하심"이라고 말합니다.

교회는 성도를 예배만 드리는 무리로 남겨 두어서는 안 됩니다. 말씀으로 양육하고, 제자로 세워야 합니다. 신자들이 신앙의 기초를 넘어서 성숙한 믿음을 가지는 기쁨을 누리도록 훈련해야 합니다. 건강한 교회는 성도들이 주일에만 신앙인이 되는 것이 아니라, 삶의 모든 순간에 자발적으로 제자로 살아가도록 인도합니다.

3) 성경의 진리를 정확하게 가르침

건강한 교회는 성경의 진리를 왜곡하지 않고 가르칩니다. 설교와 교육은 반드시 성경에 기초해야 합니다. 교회는 성경을 하나님의 말씀으로 믿습니다. 그리고 그 말씀을 바르게 해석하고 적용하는 데 최선을 다해야 합니다. "모든 성경은 하나님의 감동으로 된 것으로 교훈과 책망과 바르게 함과 의로 교육하기에 유익하다"(딤후 3:16-17)는 말씀이 이를 분명히 합니다.

성경이 말하는 원칙과 가치를 충실히 전하는 교회는 건강한 교회입니다. 또한 잘못된 교리를 경계하고, 올바른 신앙의 기초를 세워가는 교회야말로 하나님이 기뻐하시는 교회입니다. 교회가 성경 위에 세워지지 않는다면, 그 교회는 모래 위에 지은 집과 같습니다.

4) 사랑과 연합의 공동체

건강한 교회는 사랑과 연합으로 세워집니다. 교회는 다양한 배경과 성향을 가진 사람들이 모이는 곳입니다. 그러나 그리스도의 사랑 안에서 하나가 될 때, 교회는 건강하게 자랍니다. 예수님은 "너희가 서로 사랑하면 이로써 모든 사람이 너희가 내 제자인 줄 알리라"(요 13:35)고 말씀하셨습니다. 사랑은 교회의 정체성이자 표지입니다.

사랑이 없는 교회는 분열과 갈등을 피할 수 없습니다. 그러나 사랑과 용서, 겸손과 섬김이 살아 있는 교회는 하나 됨을 경험합니다. 주님은 우리에게 "성령이 하나 되게 하신 것을 힘써 지키라" 하셨습니다. 건강한 교회는 성도들이 서로를 용납하고, 서로를 위해 기도하며, 서로의 짐을 지는 공동체입니다. 사랑이 넘치는 교회는 세상 앞에서도 강력한 복음의 증거가 됩니다.

5) 전도와 선교에 적극적인 교회

건강한 교회는 전도와 선교에 열정적입니다. 교회의 사명은 단지 안으로 모이는 데 있지 않습니다. 밖으로 나아가 복음을 전해야 합니다. 전도는 때로 부담이 될 때도 있지만, 주신 은혜를 기억하고 살 때, 자연스럽게 우리 삶에서 드러나는 특징이요, 기쁨이 됩니다. 전도와 제자 양육은 교회의 본질적 사명입니다.

건강한 교회는 지역사회 안에서 복음을 전합니다. 동시에 세계 선교에도 힘씁니다. 복음을 모르는 이들에게 예수 그리스도를 소개하는 일은 교회의 존재 이유입니다. 전도의 열정이 식어버린 교회는 세상 속에서 빛과 소금의 역할을 감당할 수 없습니다.

6) 예배와 기도가 활발한 교회

건강한 교회는 예배와 기도의 불이 꺼지지 않습니다. 예배는 하나님을 높이고 성도들이 하나님의 임재를 경험하는 시간입니다. 기도는 교회가 하나님의 뜻을 구하며 성령의 인도하심을 받는 통로입니다. 히브리서 10장 25절은 "모이기를 폐하지 말라"라고 권면합니다. 이는 예배와 기도의 모임을 포기하지 말라는 말씀입니다.

예배와 기도가 살아 있는 교회는 하나님을 경험합니다. 성도들은 예배 가운데 힘을 얻고, 기도를 통해 하나님의 뜻을 발견합니다. 건강한 교회는 예배와 기도가 중심이 되며, 모든 사역은 예배와 기도의 능력 위에서 흘러나옵니다.

7) 사회적 책임과 구제 사역

건강한 교회는 사회적 책임을 다합니다. 교회는 하나님 사랑과 이웃 사랑을 실천하는 곳입니다. 고아와 과부와 같은 연약한 이웃을 돌보는 것은 교회의 사명입니다. 야고보서 1장 27절은 "하나님 아버지 앞에서 정결하고 더러움이 없는 경건은 고아와 과부를 돌보는 것"이라고 말합니다.

건강한 교회는 구제와 봉사 활동을 통해 세상에 하나님의 사랑을 드러냅니다. 교회가 사회적 약자를 외면한다면, 그것은 복음을 온전히 살아내지 못하는 것입니다. 교회의 빛은 예배당 안에서만 아니라, 세상 한복판에서 더욱 밝게 드러나야 합니다.

건강한 교회는 예수 그리스도와 복음을 중심에 둡니다. 성도들의 영적 성장을 위해 제자 훈련을 강조합니다. 성경의 진리를 바르게 가르치고, 사랑과 연합을 실천합니다. 또한 전도와 선교에 힘쓰며, 예배와 기도로 하나님을 높입니다. 나아가 사회적 책임을 다하며 세상에 사랑을 흘려보냅니다. 이러한 교회가 바로 하나님이 기뻐하시는 건강한 교회입니다. 복음에 굳게 서서, 사랑과 진리 안에서, 세상 속에서 빛을 발하는 교회가 되어야 합니다.

R4. 교회 생활에 주의해야 할 점

1) 갈등과 분열은 기도와 대화로

교회는 하나님께서 세우신 공동체입니다. 그러므로 교회 안에서는 사랑과 화합이 중요합니다. 그러나 인간의 연약함 때문에 갈등이나 불화가 일어날 수 있습니다. 그럴 때 필요한 것은 용서와 화해입니다. 사도 바울은 "모든 겸손과 온유로, 오래 참음으로, 사랑 가운데 서로 용납하고, 평화의 매는 줄로 성령의 하나 되게 하신 것을 힘써 지키라"(엡 4:2-3)고 권면했습니다.

갈등이 생길 때는 기도해야 합니다. 그리고 대화를 통해 문제를 풀어야 합니다. 마태복음 18장 15절은 형제가 죄를 범했을 때 직접 만나 대화하라고 가르칩니다. 교회는 분열을 용납하지 않습니다. 서로를 존중하고, 사랑의 태도로 갈등을 해결할 때 교회는 더욱 든든히 서게 됩니다.

2) 비판보다는 건설적인 참여

교회는 하나님의 사명을 이루는 곳입니다. 그렇기에 불평과 비판보다는 건설적인 참여가 필요합니다. 디모데전서 5장 19-20절은 지도자를 비판할 때 신중할 것을 강조합니다. 교회는 완전하지 않습니다. 연약한 사람들의 모임이기 때문입니다.

그러나 건강한 성도는 문제를 기도와 사랑으로 해결하려 합니다. 단순히 불만을 말하는 것이 아니라, 공동체를 세우는 길을 찾습니다. 교회는 그리스도의 몸입니다. 각 부분이 서로 협력할 때 건강을 유지합니다. 긍정적인 태도와 건설적인 참여는 교회를 더욱 견고하게 합니다.

3) 일상에서의 신앙생활

신앙생활은 일관성이 있어야 합니다. 단지 주일에만 교회에 나오는 것으로 충분하지 않습니다. 성도는 일상에서도 예수 그리스도의 제자로 살아야 합니다. 야고보서 1장 22절은 "말씀을 듣기만 하고 행하지 않으면 스스로 속이는 자"라고 경고합니다.

교회 활동에 열심을 내면서도, 가정과 직장, 삶의 자리에서 믿음을 실천해야 합니다. 주일에는 예배하지만, 평일에는 세상 사람들과 다르지 않다면 참된 신앙이라 할 수 없습니다. 건강한 교회 생활은 예배와 기도, 성경 공부를 통해 배우는 진리를 삶 속에서 실행하는 데 있습니다.

4) 자기중심적인 신앙

교회 생활에서 주의해야 할 또 다른 점은 자기중심적인 신앙입니다. 교회는 하나님 나라를 이루는 공동체입니다. 그러므로 성도는 자기 자신만을 생각하지 말고 공동체의 유익을 구해야 합니다. 빌립보서 2장 3-4절은 "겸손한 마음으로 남을 낫게 여기라"라고 가르칩니다.

자기중심적인 신앙은 교회의 화합을 깨뜨립니다. 그러나 다른 사람의 필요를 돌아보고, 공동체를 세우기 위해 섬길 때 교회는 건강하게 자랍니다. 중요한 것은 내가 하나님께 얼마나 받았는가를 기억하는 것입니다. 그럴 때 우리는 남에게도 줄 수 있는 사람이 됩니다. 성숙한 신앙의 기준은 언제나 주신 것을 기억하는 삶입니다.

5) 예배에 대한 태도

예배는 우리의 구원이 결코 변하지 않을 것을 기억하는 시간입니다. 그렇게 하실 하나님을 찬양하고 높이는 시간입니다. 예배는 단순한 모임이 아닙니다. 하나님을 만나는 자리이자 성도와 주님이 교제하는 시간입니다. 그러므로 예배에 임할 때는 경건한 태도가 필요합니다.

분주하거나 산만한 마음으로 참여한다면 참된 예배가 될 수 없습니다. 예배는 하나님을 향한 경외심으로 드려야 합니다. 나 자신의 죄를 돌아보며 회개하고, 마음을 다해 찬양하고, 진실한 마음으로 기도하며, 말씀을 겸손히 받아야 합니다. 그럴 때 예배는 단순한 의식이 아니라 하나님과의 깊은 만남이 됩니다. 예배는 내 생각을 내려놓고, 하나님의 뜻을 받아들이는 시간입니다.

6) 교회 내에서의 시간 관리

교회 생활에 적극적으로 참여하면서도, 개인의 삶과 책임을 소홀히 해서는 안 됩니다. 고린도전서 14장 40절은 "모든 것을 품위 있고 질서 있게 하라"라고 말씀합니다. 교회 활동과 가정, 직장, 개인의 삶 사이에는 균형이 필요합니다.

교회에서 많은 일을 맡는 것이 신앙의 성숙을 증명하는 것은 아닙니다. 때로는 과도한 사역이 다른 책임을 무너뜨릴 수 있습니다. 건강한 성도는 삶의 여러 영역에서 하나님을 경외하며 균형 잡힌 신앙을 지킵니다. 교회 활동과 개인적 의무 사이에서 질서를 지키는 것이 지혜로운 교회 생활입니다.

7) 개인적인 신앙생활

교회 활동에만 집중하다 보면 개인의 신앙이 약해질 수 있습니다.

그러나 개인적인 기도와 묵상은 신앙의 뿌리입니다. 예수님은 "너는 골방에 들어가 은밀한 중에 계신 아버지께 기도하라"(마 6:6)고 가르치셨습니다.

공동체 예배와 기도는 중요합니다. 그러나 하나님과 단둘이 만나는 시간도 필요합니다. 교회에서 활동을 많이 한다고 해도, 개인적으로 하나님과 교제하지 않으면 신앙은 깊어지지 않습니다. 교회 생활과 개인 신앙 훈련이 함께 갈 때 성도의 삶은 더욱 성숙해집니다.

교회 생활에서 성도가 주의해야 할 점은 분명합니다. 갈등과 분열을 피해야 합니다. 비판보다는 건설적인 참여가 필요합니다. 신앙생활은 일관되어야 하며, 자기중심적인 태도는 버려야 합니다. 예배에는 경건히 임해야 하고, 시간 관리에도 지혜가 필요합니다. 또한 개인 신앙생활을 소홀히 해서는 안 됩니다. 이러한 원칙을 지킬 때, 교회 생활은 더욱 건강해집니다. 성도는 하나님과의 깊은 교제를 누리며, 공동체와 함께 지속적인 신앙 여정을 이어가게 됩니다. 교회는 그때 진정으로 하나님이 기뻐하시는 공동체가 됩니다.

R5. 교회 멤버십이 된다는 것

1) 교회의 일원으로서 책임과 의무를 다하는 것

교회 멤버십은 단순히 주일마다 출석하는 것으로 끝나지 않습니다. 그것은 교회의 일원으로서 책임과 의무를 다한다는 의미를 가집니다. 멤버가 된다는 것은 교회의 비전과 목표에 동참한다는 것입니다. 또한 공동체의 유익을 위해 적극적으로 기여한다는 뜻입니다.

히브리서 10장 24-25절은 "서로 돌아보아 사랑과 선한 일을 격려하며, 모이기를 폐하지 말라"라고 권면합니다. 교회의 멤버는 함께 모이기를 힘쓰고, 공동체를 세우는 책임을 져야 합니다. 예배와 기도, 성경 공부와 봉사에 참여하는 것이 기본입니다. 건강한 멤버십은 단순한 이름의 등록이 아니라 헌신으로 나타납니다.

2) 공동체의 관계 속에서 교제하고 섬기는 것

교회 멤버십은 관계 속에서 확인됩니다. 교회는 그리스도의 몸입니다. 그러므로 멤버십은 서로 사랑하고 섬기며 교제하는 삶을 포함합니다. 예수님은 "서로 사랑하라. 내가 너희를 사랑한 것 같이 너희도 서로 사랑하라"(요 13:34-35)고 말씀하셨습니다.

멤버십의 본질은 교제입니다. 성도는 서로를 격려하고, 기도하며, 삶을 나누어야 합니다. 공동체 안에서 서로의 필요를 채워주고, 무거운 짐을 함께 져야 합니다. 기쁨은 함께 나눌 때 배가 되고, 슬픔은 함께 나눌 때 가벼워집니다. 진정한 멤버십은 사랑의 교제와 섬김 속에서 빛납니다.

3) 교회의 교리와 가르침에 동의하고 따르는 것

교회 멤버십은 교회의 신앙 고백과 가르침에 동의한다는 약속을 포함합니다. 교회는 성경에 기초한 교리와 입장을 가지고 있습니다. 멤버는 그 가르침을 신뢰하고 따르는 자세를 가져야 합니다. 사도행전 2장 42절은 초대 교회의 모습을 이렇게 전합니다. "그들이 사도의 가르침을 받아 서로 교제하고, 떡을 떼며, 기도하기를 전혀 힘썼다." 교회의 멤버는 이와 같이 말씀과 교리에 뿌리내린 삶을 살아야 합니다. 교리와 가르침에 동의하지 않으면서 멤버가 될 수는 없습니다. 멤버십은 교회의 신앙적 기초 위에 서는 고백입니다.

4) 교회의 사역에 적극적으로 참여하고 섬기는 것

교회는 하나님 나라를 확장하는 사명을 가진 공동체입니다. 복음을 전하고, 신자들을 양육하며, 세상 속에 빛과 소금이 되는 것이 교회의 사명입니다. 교회 멤버십은 이 사역에 동참하는 것을 의미합니다. 에베소서 4장 12절은 교회의 리더들이 성도를 온전하게 하고, 봉사의 일을 맡기며, 그리스도의 몸을 세운다고 가르칩니다.

각 멤버는 주어진 은사를 따라 교회를 섬겨야 합니다. 은사는 나를 위해 주어진 것이 아닙니다. 다른 이를 세우고 교회를 견고하게 하라고 주어진 것입니다. 멤버십은 봉사와 헌신을 통해 드러납니다. 은사는 남을 위해 사용하는 것이고, 달란트는 내가 잘하는 것입니다. 멤버십은 달란트가 아니라 은사로 섬깁니다. 그러니 누구나 섬길 수 있습니다.

5) 리더에게 순종하고, 교회의 질서를 지키는 것

교회 멤버십은 지도자들에게 순종하고, 교회의 질서를 지킨다는 약속을 포함합니다. 교회에는 하나님께서 세우신 목회자와 리더들이 있습니다. 히브리서 13장 17절은 "너희를 인도하는 자들에게 순종하고 복종하라"라고 말씀합니다. 질서는 교회를 건강하게 하는 뼈대와 같습니다. 교회의 리더십을 존중하고, 지도자들이 세운 방향에 협력하는 것은 멤버의 의무입니다. 순종은 단순한 복종이 아니라 하나님의 권위에 대한 인정이요, 사랑입니다. 질서를 따를 때 멤버십은 더욱 아름답게 세워집니다.

6) 교회 멤버십의 의식과 약속

교회 멤버십은 흔히 의식적인 약속과 함께 이루어집니다. 세례와 성찬은 그 대표적인 예입니다. 예수님은 "모든 민족을 제자로 삼고, 아버지와 아들과 성령의 이름으로 세례를 주라"(마 28:19)고 명령하셨습니다. 세례는 교회 멤버십의 시작을 알리는 거룩한 약속입니다.

교회에 등록하는 것은 단순한 절차가 아닙니다. 그것은 신앙 고백과 함께 교회 공동체와 맺는 서약입니다. 나는 이 교회의 한 지체로 살겠다는 고백이며, 하나님 앞에서 공동체와 더불어 신실히 서겠다는 다짐입니다. 이웃이 아니라 가족이 되는 것입니다. 멤버십은 개인과 하나님, 그리고 공동체 사이의 삼중적 약속입니다.

교회 멤버십은 단순한 출석증이 아닙니다. 그것은 교회의 일원으로서 책임을 지고, 사랑의 교제를 나누며, 교리와 가르침에 순종하는 삶을 뜻합니다. 또한 교회의 사역에 헌신하며, 리더십을 존중하고, 의식적인 약속을 지키는 일입니다. 멤버십은 나 혼자의 신앙을 넘어서 공동체 안에서 믿음을 실천하는 길입니다. 멤버십을 통해 성도는 교회 안에서 성장하고, 하나님 나라의 사명을 함께 이루어 갑니다. 교회 멤버십은 곧 하나님 나라 백성으로 사는 삶의 선언입니다.

R6. 행복한 교회 생활을 위한 지침

1) 긍정적인 관계 형성

교회는 하나님의 가족입니다. 함께 모여 서로를 세우는 공동체입니다. 행복한 교회 생활의 핵심은 사랑과 존중의 관계입니다. 좋은 공동체가 되어 주십시오. 세상이 찾는 것은 크고 멋진 교회당이 아니라 좋은 공동체입니다. 서로의 차이를 인정하고, 기쁨과 아픔을 함께 나눌 때 공동체는 더욱 따뜻해집니다.

예수님은 "서로 사랑하라. 내가 너희를 사랑한 것 같이 너희도 서로 사랑하라"(요 13:34-35)고 말씀하셨습니다. 사랑의 실천은 죽어가는 영혼도 살립니다. 친절과 겸손은 서로의 얼굴을 웃게 합니다. 갈등이 생길 때 용서와 화해가 필요합니다. 좋은 사람들 곁에 서십시오. 한 번만 더 웃어준다면, '이 공동체는 나를 받아들여주는구나!' 라는 안도감을 갖게 할 것입니다. 그렇게 우리는 풍성해집니다.

2) 사역에 참여하고 봉사하기

행복한 교회 생활은 섬김에서 비롯됩니다. 사도행전 20장 35절은 "주는 것이 받는 것보다 복이 있다"라고 말씀합니다. 봉사의 자리에는 내가 할 수 있는 역할이 있고, 내가 사랑할 수 있는 대상이 있습니다. 맡은 일을 충실히 감당하고, 다른 이를 돕는 것이 그리스도인의 기쁨입니다.

봉사는 하나님께 드리는 예배이자 교제를 깊게 하는 도구입니다. 예배 준비, 교육 봉사, 교제 모임, 선교 활동까지 다양한 섬김이 있습니다. 섬길 때 주신 구원에 보답하는 듯한 보람을 느낍니다. 하나님의 영광이 드러나고, 나의 신앙도 자라납니다. 섬김은 곧 행복의 비밀입니다.

3) 기도와 말씀을 통한 영적 성장

행복한 교회 생활은 영적 성장 위에 세워집니다. 재미만 있고 의미가 없는 모임은 금방 사그라듭니다. 영적 성장은 기도와 말씀에서 비롯됩니다. 예수님은 "사람이 떡으로만 살 것이 아니요, 하나님의 입으로 나오는 모든 말씀으로 살 것이라"(마 4:4)고 말씀하셨습니다. 말씀과 기도는 신앙의 기초입니다. 교회는 성경 공부와 기도 모임을 통해 서로를 세웁니다. 성도는 말씀 묵상과 개인 기도를 통해 하나님과의 친밀함을 누리고, 서로를 이해하게 됩니다. 영적 성장은 교회 생활의 기쁨을 더하는 가장 중요한 원천입니다. 성장하고 성숙할 수 있는 자리를 찾으세요.

4) 교회 활동에 적극적으로 참여하기

교회는 단순한 모임이 아닙니다. 예배와 기도, 성경 공부와 교제, 다양한 행사와 사역이 교회의 맥박을 이룹니다. 교회 활동에 적극적으로 참여하면 처음에는 불편할 수 있지만, 계속해서 소속감이 생깁니다. 신앙 공동체의 연대가 강해집니다. 부서 모임과 선교 모임, 봉사 활동 등은 신앙을 활기 있게 만듭니다. 참여는 곧 나눔입니다. 시간을 나누고, 삶을 나누고, 땀을 나누고, 나를 나눕니다. 교회는 함께 할 때 더욱 생명력이 넘칩니다.

5) 자기 자신을 돌아보고 회개하는 삶

행복은 자기 성찰에서 시작됩니다. 신앙인은 말씀 앞에서 깊이 자신을 돌아보아야 합니다. 요한일서 1장 9절은 "만일 우리가 우리 죄를 자백하면, 그는 미쁘시고 의로우사 우리 죄를 사하시며"라고 말씀합니다. 회개는 영적 회복의 길입니다. 세상은 죄를 숨겨야 살지만, 하나님 나라는 죄를 드러내야 삽니다. 회개할 때 하나님과의 관계가 깊어지고, 세상에서 경험할 수 없는 진정한 평안과 기쁨이 회복됩니다. 회개는 무거운 짐을 내려놓게 합니다. 자기 성찰과 회개의 삶은 교회 생활을 더욱 행복하게 만듭니다.

6) 교회와 공동체에 헌신하는 삶

교회는 단순한 예배만 드리는 곳이 아닙니다. 하나님이 주신 사명을 감당하는 도구입니다. 교회의 모든 사역은 하나님과 연결됩니다. 그러므로 교회와 공동체에 헌신할 때 하나님이 주시는 참된 행복을 누립니다. 로마서 12장 1절은 "너희 몸을 하나님이 기뻐하시는 거룩한 산 제물로 드리라"라고 권면합니다. 헌신은 사명을 향한 응답입니다. 교회의 모든 예배는 하나님의 말씀에 반응하는 것입니다. 하나님의 역사는 성도가 반응할 때 일어납니다. 맡은 일을 적극적으로 반응할 때 기쁨이 두 배가 됩니다. 교회의 성장을 위해 기도하고 섬길 때, 내 삶도 의미로 채워집니다. 헌신은 희생이 아니라 더 큰 은혜를 누리는 길입니다.

7) 하나님의 뜻에 순종하고 감사하는 마음

행복한 교회 생활은 순종과 감사에서 나옵니다. 역할을 하려고 하기보다 은혜를 받고 감사하기를 먼저 시도해 보십시오. 빌립보서 4장 6-7절은 "아무것도 염려하지 말고 모든 일에 기도와 간구로 너희 구할 것을 하나님께 아뢰라"라고 말씀합니다. 순종은 평안을 낳습니다. 감사는 기쁨을 열어 줍니다. 하나님의 뜻에 순종하며 감사의 마음으로 교회에 임한다면, 예배와 사역은 더욱 은혜롭게 됩니다. 순종과 감사는 공동체를 따뜻하게 하고, 신앙인의 삶을 풍성하게 합니다.

행복한 교회 생활에는 여러 지침들이 있습니다. 사랑과 존중으로 긍정적인 관계를 세워야 합니다. 봉사와 섬김에 참여해야 합니다. 기도와 말씀으로 성장해야 합니다. 교회 활동에 적극적으로 참여해야 합니다. 자신을 돌아보고 회개해야 합니다. 공동체에 헌신해야 합니다. 하나님의 뜻에 순종하며 감사해야 합니다. 이 모든 지침을 기쁨으로 실천할 때, 교회 생활은 감동의 연속이 됩니다. 그것은 하나님과의 깊은 교제이며, 영적 성숙의 통로이며, 참된 행복을 누리는 복된 시간이 됩니다. 온 교회가 당신을 환영하고, 기뻐합니다.

R7. 결단해 봅시다.

행복한 교회 생활을 위해
맴버십 다짐을 해 보세요.

[참고문헌]

1) 윌리엄 레인 크레이그, 『하나님은 정말 존재하는가? (Reasonable Faith)』, 신국원 옮김 (서울: IVP, 2004), 121-138쪽

2) 로저 펜로즈, 『우주의 대설계(The Road to Reality)』, 김동광 옮김 (서울: 승산, 2006), 759-762쪽.

3) 마틴 리스, 『우주의 여섯 가지 수(The Six Numbers of the Universe)』, 김승욱 옮김 (서울: 사이언스북스, 2002), 27-46쪽

4) 폴 데이비스, 『신의 마음(The Mind of God)』, 김동광 옮김 (서울: 사이언스북스, 2003), 190-197쪽.

5) C. S. 루이스, 『순전한 기독교(Mere Christianity)』, 이종태 옮김 (서울: 홍성사, 2009), 15-22쪽

6) 웨인 그루뎀, 『조직신학: 성경적 교리의 기초』, 정우현 옮김 (서울: 부흥과개혁사, 2012), 226-227쪽.

7) 아우구스티누스, 『하나님의 도성』, 김기찬 옮김 (서울: 크리스챤다이제스트, 2008), 25-27쪽